Actores e identidades en la construcción del estado nacional (Argentina, siglo XIX)

ANA LAURA LANTERI (COORDINADORA)

Actores e identidades en la construcción del estado nacional

(Argentina, siglo XIX)

teseo

Actores e identidades en la construcción del estado nacional (Argentina, siglo XIX) / Ana Laura Lanteri ... [et.al.] ; coordinado por Ana Laura Lanteri. - 1a ed. - Buenos Aires : Teseo, 2013.
250 p. ; 20x13 cm.
ISBN 978-987-1867-63-9
1. Historia Política Argentina. 2. Estado. I. Lanteri, Ana Laura II. Lanteri, Ana Laura, coord.
CDD 320.098 2

teseo

© Editorial Teseo, 2013

Buenos Aires, Argentina

ISBN 978-987-1867-63-9

Editorial Teseo

Para sugerencias o comentarios acerca del contenido de esta obra, escríbanos a: **info@editorialteseo.com**

www.editorialteseo.com

Índice

Presentación

Ana Laura Lanteri

"Lo que mantiene unidos los capítulos de este libro, dedicados a temas muy heterogéneos, es la relación entre el hilo –el hilo del relato que nos ayuda a orientarnos en el laberinto de la realidad– y las huellas".

Carlo Ginzburg (2010: 9)

I

Mucho se ha escrito sobre el proceso de construcción del estado nacional argentino en el siglo XIX. En las últimas décadas, esta problemática historiográfica medular ha sido revisitada desde una amplia variedad de temas y enfoques, en el marco mayor de renovación de la historia política que ha tenido lugar en Iberoamérica.[1] El libro que el lector tiene en sus manos, permeado por este clima, es el resultado colectivo de la producción de un grupo de trabajo que en distintas instancias formativas y desde puntos de partida diferentes, está vinculado desde el año 2006 por el horizonte común de desentrañar dicho proceso.[2]

---

[1] En efecto, la nación y el estado pasaron a ser aprehendidos como problemas y no como presupuestos. Dicha reformulación de interrogantes y la renovación metodológica y conceptual favorecieron abordajes multifacéticos de lo político, que enriquecieron sustancialmente el conocimiento sobre el siglo XIX. Véase al respecto Sábato (2007).

[2] Presenta los resultados de los Proyectos de Investigación "Pensar la construcción del Estado Nacional. Actores e identidades (II)" y "Actores e identidades en la construcción del Estado Nacional", desarrollados

A partir de espacios político-sociales diferenciados y en períodos claves entre las décadas de 1810 y 1880, los esfuerzos individuales de investigación confluyen en una perspectiva de análisis particular. Los capítulos se recortan sobre la construcción, el ejercicio y la legitimación del poder de diversos actores que participaron de este proceso y, en forma subsidiaria, sobre sus marcos referenciales e identitarios. Por eso las palabras de Ginzburg puestas en el epígrafe muestran bien el espíritu de esta obra. Vistos en su conjunto, los aportes ofrecen argumentos y evidencia que resultan "huellas" cardinales para reflexionar sobre los "hilos" que se fueron tejiendo en la trama de conformación estatal nacional, desde diversos actores y sus referencias.

La riqueza de este libro, concebido entonces como una suerte de "carta de presentación" grupal, radica así en las miradas múltiples propias de los objetos y problemas de estudio de cada uno de los autores, desde las que se amplía el registro social de la política. Lejos de dar un examen concluyente, por el contrario, los trabajos realzan las potencialidades analíticas de este sinuoso y complejo desarrollo. En este sentido, emergen cuestiones transversales que interesa advertir.

En primer lugar, la mayoría de los textos se unifican en lo metodológico, en tanto contemplan la articulación de elementos del enfoque microanalítico con los estudios de caso. Los autores argumentan desde episodios conflictivos, derroteros institucionales, coyunturas políticas y conjuntos normativos particulares, entre otros aspectos que expresan variadas ideas y dinámicas institucionales, sociales y políticas. Algunos estudian además las formas que asumió el poder en ámbitos específicos, que le imprimieron sus

---

entre 2008 y 2011 en la Facultad de Humanidades de la Universidad Nacional de Mar del Plata bajo la dirección de la Dra. Valentina Ayrolo y la codirección del Dr. Eduardo José Míguez.

cualidades: Morea, el Ejército Auxiliar del Perú; Mazzoni, las cofradías; Berardi, la Policía; y quien escribe, el Congreso nacional. Al mismo tiempo, se combinan conceptos teóricos con un análisis histórico que los complejiza (es el caso de la "Carrera de la revolución" en Morea, las "zonas de contacto" en Mazzoni y el "equipamiento político" en Berardi).

Las contribuciones atienden además a espacios provinciales concretos e incluso a sus especificidades locales: Tucumán, La Rioja, Córdoba y Buenos Aires; mientras que Míguez y quien redacta contemplamos la manera en que diversas situaciones provinciales convergieron en un espacio nacional. Este libro es, por ende, una obra de carácter federal. Se analizan en forma articulada lecturas y apropiaciones locales/provinciales sobre desarrollos más amplios, y la manera en que el proceso de construcción estatal nacional afectó las dinámicas de las provincias, como así también la medida recíproca en que los intereses de diversos actores provinciales fueron contemplados en las estrategias de las autoridades locales y/o centrales/nacionales.

En este suceder, los autores detallan la historicidad de los actores y sus marcos referenciales en contextos específicos, que condicionan sus intereses, prácticas, estrategias y el despliegue de sus diversos recursos. Aunque todos los capítulos exteriorizan transiciones de diversa índole, propias de la volatilidad y metamorfosis del proceso en estudio, surgen diferencias propias de las coyunturas analizadas. Sabido es que en la primera mitad del siglo XIX, la tensión entre diversos proyectos impidió la implantación de un modelo definitivo de organización política y condujo a guerras civiles. Los aportes de Morea, Ayrolo y Mazzoni se centran en las primeras décadas de dicho siglo, cuando la unificación política era entonces uno de los horizontes posibles. Por el contrario, los capítulos de Míguez, Berardi y el propio se enmarcan en los límites del estado federal

surgido desde 1853. Por entonces, la naturaleza de los
poderes provinciales y los marcos referenciales y de actuación se fueron transformando al calor de la definición
y materialización de una soberanía nacional.

En sintonía con ello, la revisión de los perfiles, de las
trayectorias privadas y públicas, del poder de mediación[3] y
de las redes de relaciones de distintos actores individuales
y/o colectivos se presenta como una clave analítica central.
Los textos dejan al descubierto la importancia de la conjunción de variados recursos –siendo el capital relacional
el de mayor peso– para la actuación y permanencia de
dichos actores en el escenario público. En este sentido,
también estudian el desarrollo de múltiples referencias
identitarias que contribuyeron a su propia constitución
y que nutrieron los proyectos y las variantes del estado
nacional en formación.

Advierten además, en este cuadro, sobre la coexistencia
de elementos del "antiguo régimen" y nuevos discursos y
prácticas "republicanos", concentrándose en las distancias
entre los marcos jurídicos y normativos y las acciones e
interacciones de los actores. Igualmente dan cuenta de
los nexos existentes entre diversas formas de sociabilidad y la actividad política. Acerca de este último punto,
algunos autores refieren a lazos horizontales y verticales
forjados en el seno de espacios de sociabilidad, en los que
la política aparece como expresión de la acción social. A la
par, otros describen los rasgos generales de la sociabilidad
política, entendida en un sentido amplio como producto
del intercambio y el desempeño en los ámbitos de poder.

---

[3]   Actualmente, el objetivo de la agenda de investigación del grupo se
orienta a estudiar y analizar las diferentes formas y manifestaciones de
la mediación e intermediación política, social y religiosa en el proceso
de conformación estatal nacional.

En definitiva, los textos cristalizan formas múltiples de la política y sus actores, que revelan la dificultad de definir perfiles y experiencias unívocos. Estas posibilidades de reconfiguración constante son las que hacen interesante el estudio del estado nacional, porque es la multiplicidad la que lo nutre, y son estas divergencias y convergencias las que nos permiten ensayar y pensar nuevas respuestas, incluso, para viejos problemas. De hecho, los autores presentan un enfoque orientado a la proyección y retrospección de los temas particulares que tratan, que es fruto del profuso intercambio de este grupo de investigación. La posibilidad de escucharnos en varias instancias académicas y las largas jornadas de trabajo y discusión de nuestros estudios parciales redundaron en una visión integrada del "largo siglo XIX" que se refleja en estos capítulos.

Tal visión resulta así de especial interés en el momento de diluir límites estancos entre la colonia y la posrevolución y entre ambas mitades del siglo XIX en dicho proceso de formación estatal. De ahí que la obra se vertebra en un orden cronológico que revela cambios, continuidades, especificidades y diferencias en las estrategias e intereses, las carreras públicas, los conflictos y alianzas, los roles, las prácticas y las representaciones y referencias identitarias –entre otros aspectos– de actores como los militares, el clero, los funcionarios gubernamentales, las elites locales/provinciales y los agentes judiciales y policiales. La siguiente presentación de cada capítulo resulta indicativa de lo que hemos expresado en estas líneas.

II

El estudio de Morea, fruto del trabajo de su tesis doctoral en etapa final, se centra con elocuencia en el enlace entre sociabilidad y política a partir de la experiencia del

Ejército Auxiliar del Perú. Analiza los vínculos matrimoniales de sus miembros con las mujeres de la elite tucumana en un doble escenario. Por una parte, atiende al cambio de la estrategia militar de 1816, que supuso la orientación hacia la custodia del orden interno de las Provincias Unidas del Río de la Plata y, por ende, la presencia del Ejército en la ciudad de Tucumán hasta 1820. Por otro lado, examina los casamientos al calor de la sociabilidad tucumana. Pero el enfoque analítico trasciende las cualidades propias de dichos matrimonios, proyectándolos en función de un sugerente problema: la manera en que facilitaron la construcción de carreras políticas en las siguientes décadas del siglo XIX.

En este devenir confluyen los intereses y las acciones e interacciones de diversos actores: los militares (distinguiendo entre oficiales y tropa), las elites tucumanas y los poderes central y provincial. Una interesante cuestión que enfatiza es que los oficiales, que en su mayoría no eran oriundos de Tucumán –como minuciosamente nos muestra Morea–, pensaron en los matrimonios al igual que en la compra o solicitud de tierras y propiedades, como un paso crucial para establecerse en la zona. Al tiempo que las elites tucumanas se sirvieron de ellos como una estrategia para ligarse al poder central y mantener su preeminencia social. Este entramado relacional fue además una plataforma para el acceso a la escena pública.

De hecho, el autor da cuenta de algunas trayectorias individuales de militares en la década de 1820, que bien ilustran la conjunción entre aspectos privados y públicos. Nos muestra la manera en que algunos sumaron a la capitalización de sus vínculos matrimoniales y de su propia pericia militar otros recursos –como conocimientos en ingeniería y abogacía– y nuevas relaciones que fueron delineando su participación en diversos cargos públicos. Desde éstos, lograron además trascender el espacio tucumano, al circular por provincias como Santiago del Estero, Córdoba, La Rioja y Buenos Aires. En suma, el capítulo complejiza la "carrera de la revolución" que Halperin Donghi conceptualizó, mostrando matices provinciales, diversas formas de su desarrollo y enfatizando su dimensión social.

El capítulo de Ayrolo también aúna el mundo social y el político a partir de la experiencia revolucionaria, señalando una de las experiencias políticas que desde un marco acotado como el riojano acompañó el proceso revolucionario. En este caso, el proceso se desplaza de los matrimonios a las "Casas"[4] y al influjo que la circulación de ideas, muchas de ellas traídas por la Revolución, tuvo en el juego político local. En efecto, la autora analiza las formas y manifestaciones políticas en La Rioja en las primeras décadas del siglo XIX, centrándose en las tensiones y en las soluciones improvisadas que, espejando la lógica general de las Provincias Unidas del Río de la Plata, se dieron en dicho período de transición. Si, como señala Morea, su eje son las "cordiales relaciones" establecidas entre los militares y la elite tucumana, por el contrario Ayrolo nos muestra algunos focos de tensión.

En particular, revela con contundencia la manera en que impactó en el espacio local de Famatina la presencia de los contrarrevolucionarios enviados al destierro por el poder central. En un fluido diálogo con dicho contexto, Ayrolo presenta el perfil de los desterrados, enfatizando la situación de algunos extranjeros, como el caso de Manuel Derqui –padre de Santiago Derqui, sobre quien volveremos enseguida–, cuyo destierro estuvo asociado a sus lazos sociales. Sus vínculos familiares con una de las principales "Casas" y su actividad comercial previa en la zona pesaron

---

[4]   Redes/organizaciones familiares con base en los mayorazgos y/o encomiendas otorgados en el siglo XVII.

en dicha condena, revelando el peso que seguían teniendo las jerarquías sociales.

Pero una cuestión era marginar actores particulares de la escena política y otra muy distinta resultó lograr controlar la circulación de ideas. En efecto, señala con acierto diversas imágenes que remiten a la vitalidad de este grupo de desterrados, a partir de su universo de ideas y libros considerados subversivos al orden, y de su participación en las contiendas político-facciosas. Todo este movimiento, a entender de la autora, fue produciendo un paulatino proceso de cambio de lealtades y facciones que fueron la antesala de tensiones que tuvieron que asumir los hombres de la política desde la década de 1820, quienes juzgarían de "patriota" solo a aquellos que estuvieron con su causa.

Desde un conflicto político convertido en un asunto de religión, Ayrolo da cuenta de la construcción de nuevas alineaciones políticas y sentidos de pertenencia sobre la base de antiguas solidaridades y concepciones sociopolíticas. El conflicto resulta además de importancia porque ilustra el poder de intermediación del clero, en tanto actor incuestionado y definitorio de posiciones políticas por su propia investidura y por la autoridad que esta daba a su palabra. Alude entonces a la imbricación entre sociedad/política y religión, una de las pervivencias más notables en este marco de transición. Finaliza su capítulo conjeturando sobre el impacto que la coexistencia entre las nuevas ideas y esta base social de la comunidad riojana, con un fuerte peso corporativo de instituciones como las "Casas", tuvo en los movimientos políticos protagonizados por montoneras y caudillos que se dieron en la zona en las décadas siguientes.

Su contribución converge con la de Mazzoni en un interesante cuadro de situación que vincula la participación política y la actividad pastoral del clero, en su condición de depositario de la única legitimidad que quedó en pie luego de la debacle revolucionaria. El capítulo de Mazzoni, encuadrado en su tesis doctoral en curso final, estudia las prácticas de religiosidad que se configuraron en el marco de las cofradías. Aquí el espacio es el Obispado de Córdoba, que incluía a Córdoba y La Rioja –integrando campaña y ámbito urbano–, y el análisis se retrotrae a la colonia y se proyecta a la posrevolución. La autora afirma que las cofradías formaron parte de prácticas de religiosidad y de configuraciones locales constitutivas de la identidad cultural de dicho espacio provincial. Su interés radica así en la sociabilidad de esas hermandades y, en sintonía con ello, en las prácticas relacionales dadas en su interior.

Las cofradías constituyen un original mirador por su carácter misceláneo y por su multifuncionalidad. Mazzoni establece una sugerente caracterización al presentarlas como "zonas de contacto" –en el sentido dado por William Taylor– entre la Iglesia como institución y las prácticas religiosas locales. En estas se interceptaron ideas, actores y relaciones que trazaron distintas experiencias. Ello se reforzó al calor de la dimensión identitaria: se resignificaron, reapropiaron y canalizaron en su seno dichas experiencias gracias a la invocación de una presencia conjunta (facilitada además por la devoción a un santo en particular). Las autoridades cofrades –dispuestas en una estricta jerarquía– actuaron como mediadoras entre las disposiciones institucionales y la feligresía, canalizando mecanismos de control social. Ser cofrade implicaba reconocerse como parte de un grupo de fieles, reproducir prácticas comunes y, especialmente, estar sujeto a las autoridades eclesiásticas, quienes insistieron en la obediencia como uno de los aspectos identitarios centrales.

La eficacia adquirida en el desarrollo de estas cuestiones propició su permanencia en el espacio cordobés luego de 1810, y ello condujo a su reconfiguración. Desde el caso de la cofradía de San Benito, Mazzoni ilustra la pervivencia de prácticas jerárquicas y desiguales con su reconversión en un espacio de cristalización de luchas políticas facciosas. Si en el interior ello se tradujo en conflictos jurisdiccionales de poder con las autoridades diocesanas o con los superiores regulares, hacia el exterior facilitó la conformación de la legitimidad política que las autoridades cordobesas intentaron darse luego de 1820 (quienes capitalizaron la "convivencia pacífica" propiciada por la sociabilidad de la cofradía). La autora concluye señalando así una retroalimentación entre la esfera político-administrativa y la identitaria.

Con ello revela una cuestión central. De hecho, si el substrato cultural católico (romano) fue un aglutinador común, fue función de la política crear una identidad nacional, lo que comenzó a ser un horizonte posible recién a finales del siglo XIX. La construcción de un marco unificador estatal nacional suponía diluir las identidades locales y corporativas, y este proceso llevaría décadas. Las identidades locales, a las que luego se agregarían las de aquellos que ni siquiera habían compartido una historia común –aunque fuese de desencuentros– no terminaron de desaparecer e incluso hoy siguen pesando. Esta identidad política que desde 1820 tuvo como sustrato unidades políticas autónomas, y en donde la nación había pervivido como programa en elementos como los pactos interprovinciales y los ensayos constitucionales de 1819 y 1826, encontró nuevos rumbos hacia 1853.[5]

En el capítulo de mi autoría –que sintetiza argumentos de mi tesis doctoral–, la indagación no da cuenta de este proceso general, sino que, en el marco del problema de conformación de una dirigencia nacional durante la "Confederación" (1852-1862), se introduce en sus perfiles sociopolíticos y en sus marcos de referencia y de actuación.

---

[5]   Hemos reflexionado acerca de este punto en Ayrolo, Berardi, Cuadra Centeno, Lanteri, Mazzoni y Morea (2011).

Se distancia tanto de aquellas interpretaciones que centraron la explicación sobre la dinámica política del período en la figura presidencial de Justo José de Urquiza como de las que enfatizaron el fracaso del proyecto estatal nacional de dicha "Confederación".

Se destaca de esta forma que el entramado político-institucional se sostuvo gracias a un nutrido conjunto de personas. Damos cuenta de sus trayectorias públicas y privadas individuales y familiares y de sus redes de relaciones como una importante variable analítica de la articulación entre nación y provincias que tuvo lugar durante el período. De hecho, esta década bisagra representó una nueva coyuntura de ampliación de las fronteras políticas que diversos actores supieron aprovechar. Por entonces, fue necesario conformar un elenco político que corporizara un estado federal en el que las provincias y sus representantes tuvieron un nuevo rol.

La relación entre la promoción en la esfera pública y la posesión de un capital diversificado tuvo combinatorias diferentes en cada caso del personal político que, sin embargo, tuvo un sustrato común en la experiencia de los estados provinciales autónomos de la primera mitad del siglo. Entre ellos, incluso, estuvieron los "Guerreros de la Independencia" –cuyos primeros pasos en el escenario público nos detalla Morea–, quienes transformaron su experiencia en capital simbólico para su accionar político. También estuvo Santiago Derqui, quien al igual que su padre, cuyo accionar reseña Ayrolo, mostró una gran habilidad en sus vínculos y acopió además la posición de preeminencia de su familia en Córdoba.

Desde itinerarios divergentes, estos actores habían acumulado entonces pericia pública y habían forjado vínculos y solidaridades. Dicho bagaje fue reorientado durante el período al servicio del nuevo sistema político nacional. En efecto, no fue Urquiza como representante privilegiado del poder central el que avanzó sobre las élites políticas provinciales configurando a la Confederación, sino que ellas fueron protagonistas activas del proceso. Eso se revela en el trabajo a partir del análisis de los rasgos generales de la dinámica política legislativa, considerando el caso particular de la sanción de las constituciones provinciales y su revisión en el Congreso nacional. Destacamos la manera en que dichas trayectorias políticas diversas se desdibujaron en su actuación conjunta en este recinto federal. Lo que separaba a los legisladores no era tanto sus principios ideológicos, sino la facciosidad política en constante proceso de redefinición.

En definitiva, aunque no se pudo consolidar el intento de construir un estado con dirección política en Entre Ríos, ni los organismos e instituciones estatales pudieron ganar en la solidez que sus autoridades esperaban lograr, se debe relativizar el "fracaso" de la "Confederación". Ello fue porque el juego institucional empezó a ser reconocido por las provincias y se fue imponiendo como una forma de su articulación política. El nivel de posibilidad de la "Confederación" lo marcaron en buena medida las ideas y prácticas de sus dirigentes, quienes constituyeron además un nexo importante –y tal vez imprescindible– con el período abierto en 1862. Bartolomé Mitre comenzó así una nueva etapa de conformación estatal nacional con personas que tenían conocimientos para efectivizarla y que habían sido partícipes de una larga convivencia política.

En efecto, como destaca Míguez, en la década de 1850 surgieron algunos "mecanismos de la política" que en las décadas siguientes se fueron redefiniendo y que representaron, en grandes líneas, cambios en la lógica partidaria política y la integración política del espacio nacional. Su texto constituye un interesante marco de las cuestiones tratadas en los capítulos anteriores, dado que al examinar los conflictos y negociaciones originados por los intentos de instaurar un orden que incluyera a Buenos Aires y las provincias, sintetiza rasgos de las configuraciones políticas del siglo XIX.

Los ribetes de la violencia y los procesos eleccionarios, el faccionalismo y los personalismos políticos, los fundamentos de la legitimidad, las diversas situaciones políticas provinciales, entre otras cuestiones, convergen en una interesante discusión. En sus propias palabras, su argumento es "que la amplia coincidencia en torno a un programa de modernización de la nación, la paulatina erosión de las viejas identidades políticas y las necesidades de una dinámica lucha por el poder entre grupos que ya no respondían a esas viejas divisiones dieron lugar a realineamientos que produjeron un sistema de facciones conformado por la alianza de dirigencias provinciales, que fueron la matriz básica del orden oligárquico".

Como anticipamos, sitúa como trasfondo de este proceso la etapa de la "Confederación", poniendo el acento en su lucha con el estado de Buenos Aires. En este período, Urquiza buscó diluir las bases del antiguo antagonismo político entre unitarios y federales que el rosismo había exacerbado, y en su esfuerzo por corroer los límites partidarios, habilitó la presencia de actores con diversas tradiciones políticas. Al tiempo que dichas bases, y por el contrario, fueron aprovechadas por el estado porteño para legitimar su secesión. Por otro lado, el autor sostiene que de las viejas lealtades surgieron las facciones federal y liberal (heredera de la unitaria), que se identificaron respectivamente con ambos estados y que suponían concepciones opuestas del orden sociopolítico. Con todo, el federalismo y el liberalismo se fueron transformando en factores de unión, las diferencias aparecían más como pragmáticas que programáticas. Se asemeja en este punto con Ayrolo, quien también discute esta polarización para la primera mitad del siglo XIX.

Luego, Míguez repasa la vida política en la presidencia de Mitre, donde se desdibujó aun más la divisoria, entre otras cuestiones, porque la confrontación entre facciones se dio en un marco institucional compartido entre Buenos Aires y las restantes provincias. Finalmente, estudia con detalle la sucesión presidencial de 1868. En esta coyuntura, los candidatos y sus trayectorias, intereses y apoyos, muestran un quiebre decisivo en el proceso. A entender del autor, sin mayores fundamentos ideológicos o programáticos y en una interacción en una nación cuya presencia ya era ineludible, las dirigencias partidarias relativizaron con fuerza la antinomia entre federales y liberales: 1868 puso entonces de manifiesto nuevos alineamientos que irían dando forma al orden político oligárquico, tendencias que culminarían con la articulación de las dirigencias provinciales en el nuevo poder nacional. El cierre del proceso será sin embargo 1880, cuando la fragmentación partidaria perdió relevancia. También para dicho año se diluyó para Míguez la antinomia entre Buenos Aires y el interior.

El capítulo de Berardi, fruto de su investigación doctoral en reciente curso, se inscribe en este marco de reconfiguración del lugar de Buenos Aires en el escenario nacional. Su preocupación, por el contrario, se aleja de la naturaleza de la política y los partidos, para centrarse en otro aspecto fundamental para la conformación estatal nacional: la definición de esferas institucionales depositarias de saberes específicos y con áreas de intervención delimitadas. El autor propone un interesante y pormenorizado análisis de los rasgos centrales del proceso constitutivo de la policía provincial en la campaña bonaerense, especialmente en la frontera delimitada por el Salado (un ámbito y un período que han merecido poca atención, pues los estudios sobre policía se han abocado principalmente al espacio metropolitano). Atiende al marco jurídico que le dio sustento y explora las relaciones y prácticas sociales e institucionales de los actores involucrados en dicho proceso.

Si Míguez advertía sobre el consenso liberal que, entre otras cuestiones, reposaba en el papel innovador de las instituciones, Berardi trasparenta este aspecto al revelar alcances y límites concretos en el proceso de institucionalización policial en Buenos Aires. El autor detalla así el nuevo rol y accionar de los agentes policiales y judiciales –antiguos depositarios de las funciones que definen el poder de policía– entre finales de la década de 1870 y principios de la siguiente en el contexto provincial y nacional. Por una parte, presenta una interesante explicación cuando afirma que dicho rediseño normativo debe ser interpretado a la luz de las apropiaciones y usos de la violencia y los instrumentos de coerción dados en el escenario mayor de consolidación estatal nacional.

Por otra parte, señala que los diversos ajustes a la normativa se dieron en función del conflicto que culminó en la federalización de la ciudad de Buenos Aires y de la restructuración territorial y el crecimiento poblacional desarrollado en la provincia. Ello delimitó una nueva cartografía de las esferas de poder, que inicialmente pensada en un sentido de articulación y complementariedad entre los juzgados de paz y los agentes policiales, condujo a conflictos en su implementación práctica. Desde la reconstrucción de dos interesantes casos, da claras muestras de las solidaridades y tensiones y de la superposición de esferas de competencia e intervención entre ambos actores. Con todo, pese a las dificultades en orientar la conducta de los sujetos subalternos que componían la agencia policial, el autor sostiene que estas reformas fueron construyendo marcos referenciales y tramas de solidaridades intrainstitucionales.

III

La realización de esta obra fue posible gracias a los subsidios otorgados por la Universidad Nacional de Mar del Plata y la Agencia Nacional de Promoción Científica y Tecnológica y, al fomento de nuestras investigaciones individuales, por parte de dichas instituciones y del Consejo Nacional de Investigaciones Científicas y Técnicas y de la Universidad Nacional del Centro de la Provincia de Buenos Aires. Agradecemos también la lectura crítica de las primeras versiones por parte de algunos colegas, que oportunamente señalamos en los capítulos.

A nivel personal, deseo expresar mi más sincera gratitud a los autores, por la confianza y generosidad que me brindaron para que fuera coordinadora y por permitirme aprender diariamente lo valioso que es trabajar en equipo de forma amena, solidaria y estimulante. Y también a mi hermosa familia, que con su cariño y apoyo incondicional hace mi vida más fácil y feliz.

Bibliografía

Ayrolo, Valentina; Berardi, Pedro; Cuadra Centeno, Pablo; Lanteri, Ana Laura; Mazzoni, María Laura y Morea, Alejandro (2011), "Un juego de identidades en el siglo XIX. Reflexiones frente al Bicentenario", en *Aristas. Revista de Estudios e Investigaciones de la Facultad de Humanidades,* Secretaría de Investigación y Posgrado, Universidad Nacional de Mar del Plata, Mar del Plata, año V, núm. 6, pp. 151-166.

Ginzburg, Carlos (2010), *El hilo y las huellas. Lo verdadero, lo falso, lo ficticio,* Buenos Aires, Fondo de Cultura Económica.

Sábato, Hilda (2007), "La política argentina en el siglo XIX. Notas para una historia renovada", en Palacios, Guillermo (coord.), *Ensayos sobre la Nueva Historia Política en América Latina, siglo XIX,* México, El Colegio de México, pp. 83-95.

"Matrimonio y algo más"
Vínculos y estrategias en la construcción de carreras políticas de los oficiales del Ejército Auxiliar del Perú, 1816-1830[6]

Alejandro Morea

La derrota del Ejército Auxiliar del Perú en la batalla de Sipe-Sipe, en noviembre de 1815, marcó el cierre del tercer intento por controlar el espacio altoperuano por parte del gobierno de las Provincias Unidas del Río de la Plata. A partir de entonces, este ejército comenzó un retroceso que finalmente lo llevó a la ciudad de San Miguel de Tucumán en 1816, como ya había ocurrido tras la derrota de Ayohuma algunos años antes.

En ese momento, su comandante en jefe, el general José Rondeau, no solo creyó que continuaría al mando del Ejército Auxiliar del Perú, sino también que la permanencia en esa ciudad sería temporaria, lo necesario para recomponer la capacidad operativa del ejército e intentar nuevamente avanzar hacia el Alto Perú.[7] Sin embargo, esto no tuvo lugar. La estadía en Tucumán coincidió con la apertura de las sesiones del Congreso General que marcó una etapa diferente en el proceso revolucionario iniciado en 1810. Se declaró la Independencia de la corona española y se procedió a la elección de Juan Martín de Pueyrredón como nuevo Director Supremo. Su llegada al gobierno central trajo aparejado un cambio en la estrategia militar general que repercutió en los destinos de esta fuerza militar.

A partir de 1816, el nuevo gobierno dio prioridad al plan militar ideado por San Martín, quien convenció a

---

6   Agradezco los comentarios que a sendas versiones previas realizaran la Dra. Gabriela Tío Vallejo y el Dr. Fabián Herrero.

7   Rondeau, José, *Autobiografía*, Brasil, Comercio del Plata, 1849, pp. 62-64.

Pueyrredón de priorizar el frente occidental y desafiar a los realistas en Chile para, posteriormente, trasladarse al Virreinato del Perú y derrotar al poder español. Esta decisión impactó también en el Ejército Auxiliar del Perú. En virtud de la nueva estrategia, esta fuerza militar abandonó el frente altoperuano y, a partir de 1816 y hasta su disolución en 1820, se tornó fundamental en el sostenimiento de las autoridades designadas por el poder central en el interior de las Provincias Unidas (Halperin Donghi, 1972: 116 y 117), dejando en claro que este ejército tenía como objetivo principal, desde su formación, asegurar la subordinación de las provincias del interior de las Provincias Unidas del Río de la Plata a las autoridades centrales.

La larga presencia del ejército en la ciudad de Tucumán impactó en su vida cotidiana y los efectos de esta situación fueron dispares.[8] Por un lado, algunas actividades productivas se vieron favorecidas. Se incrementó la demanda de productos textiles, de zapatos, de carretas y demás trabajos en madera, así como también de muchos otros productos derivados del cuero (Leoni Pinto, 2007: 57, 66, 78). Por otro, influyó en la producción de alimentos para abastecer a las tropas. Por lo tanto, la presencia de estos hombres de armas en la ciudad repercutió directamente sobre la economía produciendo un aumento de la demanda de productos varios, que pudo ser cubierta gracias a la puesta en producción de todos los recursos de la zona.

---

[8]   Desde la Batalla de Tucumán, el 24 de septiembre de 1812, la ciudad de San Miguel de Tucumán se convirtió en la principal base de operaciones del Ejército Auxiliar del Perú. La buena acogida que recibió por parte de la población en ese año resultó fundamental. A partir de ese momento, ante cada traspié sufrido por esta fuerza militar, la ciudad de Tucumán se transformó en el lugar indicado para reorganizar al ejército. Para esto, en 1814 y por orden de José de San Martín, se inició la construcción de un cuartel que pudiera alojar a las tropas de esta fuerza militar y que recibió el nombre de "La Ciudadela".

Pero hay otro efecto también a considerar. Entre 1810 y 1817, oficiales y soldados fueron los beneficiarios del 59% de los gastos de Tesorería del Ejército Auxiliar en forma de sueldos. Este hecho no es menor, ya que estos hombres gastaban la mayor parte de los ingresos percibidos en aquellos lugares en donde estaba instalado el ejército, estimulando las economías locales (Halperin Donghi, 1971: 8). No obstante, este ejército en muchas ocasiones también resultó una carga tanto para las autoridades centrales como para las provinciales y para el mismo comandante en jefe, quienes debieron recurrir a los comerciantes y productores locales solicitándoles empréstitos para sostener el pago de dichos sueldos. Además, la guerra sustrajo gran cantidad de población de las actividades productivas cuando se producían las levas en busca de nuevos reclutas (Leoni Pinto, 2007: 69).

Para analizar con mayor profundidad la presencia de esta fuerza militar consideramos necesario indagar en otros planos. De hecho, si nos detenemos a observar a los hombres que la integraban, podemos constatar que las relaciones con la sociedad que los cobijaba no se limitaban a la satisfacción de necesidades elementales. Tanto los soldados como los oficiales se constituyeron en actores importantes de la ciudad, y si en algunos casos actuaron como elementos perturbadores de la rutina cotidiana,[9] en otros momentos lograron mantener fluidas y cordiales relaciones con sus habitantes.

---

[9]   Con respecto a ello, hemos encontrado numerosas disposiciones de los diversos comandantes del Ejército Auxiliar del Perú para que los soldados y oficiales pagaran las deudas que contraían con los pulperos, para limitar los malos tratos a los pobladores, los robos y cualquier otro tipo de abuso, así como también castigos para aquellos que incurrieron en este tipo de prácticas. Cfr. Museo Mitre, Archivo de Belgrano, Tomo 6, pp. 9, 10, 46, 83, 134, 156, etc.

En este trabajo, hemos preferido fijar nuestra atención sobre este último aspecto, ya que estamos interesados en observar cómo los oficiales de este ejército participaron de la sociabilidad local y, sobre todo, atender los vínculos que tejieron con las familias de la elite de la región. Creemos que este enfoque es crucial para acercarnos al objetivo central de estas páginas, que es a la vez el de nuestra investigación doctoral. Nos referimos a la construcción de carreras políticas de los oficiales del Ejército Auxiliar del Perú en el interior de las Provincias Unidas del Río de la Plata entre 1816 y 1830.

A partir de 1816, las intervenciones del Ejército Auxiliar a través de su comandante en jefe o de sus oficiales en los asuntos político-militares de las provincias de Tucumán y Córdoba –que incluían Santiago del Estero, La Rioja y Catamarca– se fueron multiplicando por su rol en la estabilización del orden interno. Por lo tanto, las relaciones entre los oficiales de este ejército y las familias locales de esta región son consideradas en este trabajo como una clave analítica central para entender estas intervenciones, las formas que asumieron en función de los actores que se veían involucrados y los espacios donde tenían lugar y el rol de estos oficiales en ellas.

Durante el proceso revolucionario y en los años siguientes, diversos actores aprovecharon las posibilidades abiertas por un estado en formación que no estipulaba requisitos formales de acceso a la política para construir sus "carreras de la revolución". Para Halperin, esa "profesión al servicio público" constituyó una posibilidad de ascenso social, pero sobre todo una forma de ganarse la vida. Estos hombres habrían conjugado lo militar, lo político y muchas veces una cuidada preparación intelectual, desde donde pudieron alcanzar lugares significativos en su actividad pública. Esta polivalencia les aportó principalmente capitales relacionales y simbólicos cardinales para cimentar dicha actividad.[10]

---

[10]   En el sentido definido por Bourdieu (1980).

No obstante, poco se ha dicho, por ejemplo, sobre el cariz y las formas que adquirieron las "carreras de la revolución"; tanto de aquellos hombres que formaron los ejércitos independentistas como de otros que no optaron por las armas, sino que iniciaron su carrera política desde ámbitos como el eclesiástico. Así como tampoco se ha avanzado mucho en la proyección de su experiencia en el siglo XIX. Por ende, creemos importante continuar historizando y problematizando la "carrera de la revolución", una categoría que ha sido generalmente aceptada sin mayores discusiones (Ayrolo, Lanteri y Morea, 2011). En este caso en particular, daremos cuenta del lugar que tuvieron los capitales relacionales forjados mientras el Ejército Auxiliar estuvo acantonado en San Miguel de Tucumán entre 1816 y 1819 en la construcción de algunas carreras políticas en la década de 1820 y de la ampliación de su rango geográfico. A partir de analizar algunas trayectorias de oficiales del Ejército Auxiliar del Perú, intentaremos mostrar también cómo este proceso de construcción de carreras políticas asumió variadas formas en función del diferente impacto de la revolución y de este ejército en las distintas jurisdicciones del interior de las Provincias Unidas del Río de la Plata.

Por esta razón, dividimos nuestro trabajo en dos partes. En la primera, daremos cuenta de los casamientos producidos entre hombres del Ejército Auxiliar del Perú y las hijas de las familias de la elite local, en el marco mayor de la sociabilidad tucumana de la época. En la segunda parte, problematizaremos y proyectaremos dichos vínculos. Analizaremos la manera en que facilitaron la construcción de carreras políticas en la segunda década del siglo XIX. Para ello nos servimos especialmente de las solicitudes de casamiento de los oficiales de este ejército existentes en el Archivo General de la Nación. Esta documentación, por su estructura y por la información volcada en ella por los interesados, es crucial para visualizar estas cuestiones.

1. Yo me quiero casar... con una tucumana, ¿y usted?

Para iniciar nuestro análisis, resulta interesante presentar un cuadro general sobre los espacios de sociabilidad en Tucumán durante la Revolución, como marco de la problemática que nos ocupa, ya que los oficiales del Ejército Auxiliar del Perú se valieron de esta sociabilidad para entrar en relaciones con las elites.

En los años finales del siglo XVIII y en los primeros del siglo XIX, se había dado una mutación de los espacios públicos de sociabilidad de las elites en las distintas ciudades americanas, vinculada a los cambios culturales ocurridos en España y en otros espacios europeos. Estas transformaciones en la sociabilidad tuvieron mayor repercusión en las ciudades más importantes del imperio español (Guerra y Lempériére, 1998: 6, 11,12). No obstante, en el Río de la Plata, a diferencia de lo ocurrido en los países europeos, el espacio de lo privado experimentó una suerte de eclipse parcial, ya que esos ámbitos sucumbieron ante la movilización política producida por los acontecimientos revolucionarios. Por lo que pronto dejaron de ser un lugar de refugio para convertirse en volcanes de la pasión política local (Myers, 1999: 112).

A esto debemos sumar que, según Carol Leal Curiel, el avance de instituciones ligadas a la difusión de las "luces" encontró dificultades y, por ende, en la mayor parte de las ciudades ubicadas en el interior de los virreinatos americanos, siguieron predominando las tertulias y reuniones en casas de familia (Curiel, 1998: 180). Por eso, no es de extrañar que en San Miguel de Tucumán hasta mediados de siglo XIX la sociabilidad asociativa no haya logrado instalarse de forma permanente como sí había ocurrido en la ciudad de Buenos Aires,[11] y que permanecieran con fuerza formas más tradicionales (Nanni, 2009).

---

[11]   Para ver lo ocurrido en Buenos Aires, remitimos al trabajo de Pilar González Bernaldo (2001).

En este marco, los datos con los que contamos permiten advertir que en los años en que el Ejército Auxiliar permaneció acantonado en San Miguel de Tucumán los espacios de sociabilidad de la elite estuvieron muy activos. Tertulias, bailes y reuniones tenían lugar en la casa de las principales familias, y los oficiales de esta fuerza militar, con su comandante a la cabeza, participaban de ellos. Esto se puede ver reflejado en lo dicho por el general Tomás Iriarte, cuando recordando su paso por dicho ejército en 1816 afirmó que "las casas principales eran en aquel tiempo las de Días de la Peña y Garmendia, el general Belgrano las frecuentaba y yo lo acompañaba; la tertulia de Díaz era la más concurrida y se bailaba todas las noches".[12]

Esta activa asistencia de los oficiales en algunas ocasiones resultó un dolor de cabeza para el mismo comandante en jefe de este ejército. Al menos eso deja percibir la orden general dirigida al Ejército Auxiliar del Perú por Manuel Belgrano el 28 de octubre de 1816, donde se puede entrever que estos hombres, en algunas ocasiones, eran capaces de faltar a sus deberes para participar de la vida social de la ciudad:

> [...] algunos caballeros oficiales miran con indiferencia suma su arresto, se exponen fríamente a él, cuando deberían morirse de vergüenza antes, faltan también al arresto menor y se salen a las sociedades [...]. Pero no queda esto aquí: aun hay más: se dicen enfermos, pasan al hospital, y de allí a salir por la noche, á concurrir con descaro a bailes, desafiando a la autoridad y haciendo ostentación de su mismo deshonor.[13]

Entonces, si bien el poder central y el mismo comandante del Ejército Auxiliar del Perú pueden haber visto con buenos ojos que los hombres de esta fuerza militar

---

[12]   Iriarte, Tomás, *Memorias,* Buenos Aires, Sociedad Impresora Americana, 1944, pp. 124 y 125.

[13]   Archivo General de la Nación (en adelante AGN), Sala X, Legajo, 4-1-3, Ejército Auxiliar del Perú, 1816.

establecieran relaciones cordiales con la población local, por otro lado, también tuvieron que lidiar con actos de indisciplina dentro del ejército (como los narrados), que esta misma incentivación a participar de la sociabilidad local podía generar: dos caras de una misma moneda.

Por su parte, los sectores populares tenían sus propios espacios de sociabilidad. A las conocidas referencias sobre el rol jugado por las pulperías como lugares donde hombres y mujeres acudían para realizar pequeños intercambios comerciales cruciales para su vida cotidiana, y también obtener información, noticias y entretenimiento, es posible sumar otros espacios. Así, a la calle, la plaza y el atrio de la iglesia, como espacios de sociabilidad públicos, es importante agregar lo que Paula Parolo (2004) define como ámbitos de sociabilidad doméstica. Esta historiadora señala que en Tucumán, las casas familiares constituyeron microespacios de sociabilidad donde los sectores populares no solo trabajaban, conversaban o mascullaban rencores, sino también se divertían. En muchas de éstas, se montaban bailes y fiestas improvisadas a los que no solo concurrían los que vivían efectivamente en esos lugares, sino también amigos y conocidos, transformándolos en verdaderos lugares de intercambio (Parolo, 2008: 211).

En definitiva, tertulias, pulperías y bailes, plazas y mercados son los espacios que más nos interesan, porque nos ayudan a poner en contexto los momentos y las situaciones en los que los integrantes de la tropa y oficiales lograron vincularse con las mujeres de la ciudad. Como ya hemos señalado, a partir de 1816, exceptuando las partidas de hombres a los que les tocó intervenir en los conflictos políticos de la región, la mayor parte del Ejército Auxiliar del Perú permaneció acantonada en San Miguel de Tucumán hasta 1819, cuando se movilizó a todos sus efectivos con dirección a la provincia de Buenos Aires.

Por fuera de los ejercicios rutinarios, la vida militar dejaba mucho tiempo libre. En los tiempos de ocio, estos hombres participaban de los espacios de sociabilidad locales de los que venimos hablando, donde estrechaban lazos con sus principales figuras, pero sobre todo con las jóvenes. Por lo tanto, no debe sorprendernos que muchas de estas relaciones culminaran en casamientos que redundaron en la integración de estos oficiales a las familias locales. En los diez años de existencia de este ejército, es posible encontrar numerosos casos de oficiales que solicitaron licencia y autorización a sus comandantes y al gobierno para contraer enlace.

En efecto, la consulta de diversos legajos y fuentes bibliográficas nos ha permitido identificar 26 solicitudes de casamientos tramitadas entre 1816 y 1818.[14] Aunque están lejos de representar el total de oficiales del Ejército Auxiliar del Perú que terminó contrayendo casamiento mientras sirvió en esta fuerza militar, nos permitirá realizar algunas consideraciones en las siguientes páginas.[15] Claro que el casamiento no era una cuestión privativa de los oficiales. Aunque los espacios de sociabilidad donde tejieron estas relaciones hayan sido diferentes, los soldados de este ejército también se relacionaron con los pobladores de Tucumán, y muchos de ellos también se casaron con mujeres locales.

---

[14]   AGN, Sala X, Legajos 4-1-3, 4-1-6, 40-8-6 y 9-9-7.

[15]   Por el estado actual de las investigaciones, es difícil saber efectivamente cuántos hombres pasaron por el Ejército Auxiliar del Perú y evaluar la representatividad de esta muestra. Hemos encontrado que en octubre de 1816 tenía 250 oficiales, 291 en 1817 y 340 en 1818. Sin embargo, no es posible desgranar estas cifras para obtener el número real de oficiales, ya que no brindan detalles de nombre y apellido de los oficiales, por lo que se hace difícil detectar las incorporaciones y las bajas de oficiales entre los estados de fuerza de 1813 y los de 1818. El estado deteriorado e incompleto de las situaciones de revista de cada uno de los regimientos que en algún momento estuvieron incorporados a este ejército también dificulta esta tarea. Cfr. Morea (2012a).

Lo que resulta de especial interés es la manera en que el poder central buscó capitalizar esta situación regulando dichos casamientos. Por ejemplo, encontramos disposiciones de 1819 de los distintos encargados de conducir al Ejército Auxiliar del Perú, para que los capellanes del ejército y los comandantes no permitan que los integrantes de la tropa se casaran con mujeres viejas, enfermas o con achaques.[16] Se hacía hincapié en respetar las ordenanzas que regulaban los casamientos y que buscaban, así, que los soldados formaran familias con mujeres sanas y robustas: "Cosa que puedan prometer al país algún beneficio".[17]

Aunque en los legajos consultados no pudimos ver una preocupación similar por los enlaces de los oficiales, es posible extraer otro tipo de información que nos permite reconstruir otras cuestiones. Conocemos, por ejemplo, gracias a las solicitudes de casamiento, no solo el procedimiento al que debían recurrir dichos oficiales para obtener autorización por parte del gobierno para contraer matrimonio, sino también datos concretos sobre las mujeres y las familias con las cuales se estaban vinculando.

Para poder casarse, los oficiales debían dirigirse al gobierno central solicitando permiso, y para ello, necesitaban elevar un expediente en donde constara su solicitud, el beneplácito del comandante de su regimiento y del general en jefe del ejército. Junto a esto, debían adjuntar su fe de bautismo, una carta de los padres de la novia otorgando consentimiento a la unión, así como también una certificación expedida por la autoridad eclesiástica correspondiente donde se dejara constancia de que su futura esposa también había sido bautizada. No obstante, en algunos casos, la

---

[16]   Museo Mitre, "Libro de órdenes del Ejército Auxiliar del Perú", en *Documentos del Archivo Belgrano*, tomo VI, Buenos Aires, Publicaciones del Museo Mitre, 1916, pp. 403, 640 y 686.

[17]   Museo Mitre, "Libro de órdenes del Ejército Auxiliar del Perú", en *Documentos del Archivo Belgrano*, tomo VI, *op. cit.*, p. 640.

autoridad central podía consentir que se llevara adelante la unión faltando parte de la documentación. Cuando ello ocurría, se solicitaba que se completara el expediente en el futuro para que la esposa pudiera gozar del Montepío Militar.[18] Es posible rastrear la legislación sobre este tipo de beneficios desde 1761, año en que se creó esta institución y, como ocurrió con la mayor parte de las Ordenanzas Reales que regulaban la actividad militar, siguió vigente en los años revolucionarios siendo solo modificada parcialmente.

Más allá de lo pautado en la normativa, podríamos pensar que al calor del cambio de estrategia militar, desde el poder central se evaluó de forma positiva que los oficiales del Ejército Auxiliar del Perú se casaran con las hijas de las elites locales. En función del intento por tener mayor injerencia en las tramas de poder local, quizá se especulaba desde Buenos Aires que los hombres de esta fuerza militar podían llegar a actuar como agentes del poder central en el interior de las Provincias Unidas del Río de la Plata. En el caso de los soldados, que por su jerarquía tenían otros deberes y atribuciones, la preocupación central debe haber sido otra. Las autoridades parecieron estar más preocupadas en tratar de regular las relaciones entre los individuos, borrando los límites entre los ámbitos público y privado, buscando que el estado obtuviera los mejores resultados en su proceso de conformación, en este caso, hijos sanos y fuertes podrían actuar en las futuras décadas como brazos militares y productivos. Pero volvamos sobre los oficiales. Como anticipamos, la documentación nos permite obtener datos de filiación sobre los cónyuges. En el siguiente cuadro sistematizamos la información relativa al lugar de nacimiento tanto de las mujeres como de los oficiales.

---

18   El montepío militar consistía en un fondo que se constituía con base en los descuentos que sufrían sobre sus sueldos los oficiales del ejército. A este beneficio accedían sus esposas una vez que enviudaban.

Tabla 1
Los matrimonios de los oficiales del Ejército Auxiliar del Perú

Nombre	Lugar de nacimiento	Esposa	Lugar de nacimiento
Teniente coronel Francisco Zelada	Colonia de Sacramento, Banda Oriental	Teresa Trujillo	Salta-Residente en Jujuy
Capitán Antonio Giles	Buenos Aires	Isadora Almais	Paraguay
Capitán Felipe Bertrés	Puntoux, Francia	Petrona Moyano	Tucumán
		María Caínzo	Tucumán
Teniente coronel Domingo Soriano Arévalo	Buenos Aires	Juana Laguna	Tucumán
Coronel mayor Juan José D'Auxión Lavaysse	Sait Trailles, Francia	María Isnardi	Santiago del Estero
Portaestandarte José Manuel Helgueros	Tucumán	Mercedes Álvarez	Tucumán
Sargento mayor Gerónimo Helguera	Buenos Aires	Crisanta Garmendia y Alurralde	Tucumán
Capitán Pedro García	Buenos Aires	Mariana García	Tucumán
Teniente primero con grado de capitán Manuel Beráves	Sin datos	Eustaquia García	Tucumán
Coronel Francisco Antonio Pintos	Santiago de Chile	Luisa Garmendia y Alurralde	Tucumán
Capitán Domingo Martínez	Sin datos	Cornelia Josefa Muñecas	Tucumán
Ayudante mayor Manuel Caballero	Sin datos	María Córdoba y Zeballos	Buenos Aires
Subteniente Ramón Ferrer	Sin datos	María Isabel Millán	Sin datos
Teniente segundo Alberto Ribero	Sin datos	Ángela Abrego	Sin datos
Capitán Lorenzo Lugones	Santiago del Estero	Eulalia Drago	Tucumán
Teniente segundo José Prudencio Molina	Sin datos	Arancha Paz	Sin datos

Capitán Jacinto Garavito	Tucumán	Manuela Prieto	Tucumán
Teniente segundo Clemente Rico	Sin datos	María de Bolaños	Córdoba
Capitán Pedro Espinosa	Sin datos	Petrona Alurralde	Sin datos
Sargento mayor Pablo Alemán	Canelones, Banda Oriental	Juana Tamayo	Salta
Capitán Francisco Sinforiano Quevedo	Buenos Aires	Rosaura Fortunata González	Tucumán
Teniente coronel Emidio Salvigni	Italia	Cruz Garmendia y Alurralde	Tucumán
Capitán Juan Francisco María Echauri	Salta	María Cainzo	Salta
Capitán Abraham González	Misiones, Banda Oriental	Catalina de Lamadrid y Aráoz	Tucumán
Teniente coronel Juan Escobar	Buenos Aires	Sin datos	Sin datos
Teniente José Antonio Villagrán	Tucumán	Sin datos	Sin datos

Referencia: reconstrucción propia basada en información extraída de diversos diccionarios biográficos, las solicitudes de matri-monio y bibliografía específica: Yaben (1939), Archivo General de la Nación, Sala X, Legajos 4-1-3, 4-1-6, 40-8-6 y 9-9-7, y Perrili y Paterlini (2009).

Como podemos advertir, el lugar de nacimiento de las mujeres contrasta ampliamente con el de los hombres. Mientras entre las primeras encontramos una fuerte presencia de nacidas en Tucumán y la zona, la mayoría de los oficiales habían nacido en Buenos Aires y el Litoral. Centremos nuestra atención primero en las mujeres. De las 20 mujeres de las que disponemos datos, 13 eran nacidas en San Miguel de Tucumán, 3 eran salteñas, y el resto oriundas de Santiago del Estero, Córdoba, Buenos Aires y Paraguay. Desconocemos el lugar de nacimiento de las 5 restantes, ya que la información en algunos casos es fragmentaria, y aunque hemos consultado más documentación y bibliografía, no ha sido posible reconstruirla.

Por otro lado, hemos podido identificar el lugar de nacimiento de 18 de los 26 oficiales. Contrariamente a lo ocurrido con las mujeres, hemos observado que solo 3 de ellos eran nacidos en Tucumán. Seis eran originarios de Buenos Aires, 3 de la Banda Oriental, 2 oriundos de Francia y tenemos tan solo 1 registro para Santiago del Estero, Santiago de Chile, Italia y Salta. Esto no debe sorprendernos si contrastamos estos datos con los respectivos al colectivo que hemos estudiado en otro trabajo. De hecho, tenemos registro de que el 65% de los oficiales que integraron este ejército entre 1810 y 1820 había nacido en Buenos Aires y el Litoral, y los franceses eran el colectivo de extranjeros más importante (Morea, 2012a).

Esta diferencia entre los lugares de nacimiento de los contrayentes nos lleva a desplazarnos de estos datos cuantitativos a aspectos analíticos. En efecto, nos preguntamos: ¿por qué las hijas de la elite tucumana elegían oficiales del Ejército Auxiliar del Perú para construir sus familias? ¿Por qué estos oficiales "porteños" decidían contraer matrimonio lejos de sus hogares y familias? Sobre el primer interrogante daremos cuenta en el apartado siguiente. Interesa ahora detenernos en el segundo, y para ello, resulta sugerente posicionar a los casamientos en un marco sociopolítico mayor.

Según hemos podidos constatar, en los últimos años de la década de 1810, varios oficiales analizaban la posibilidad de establecerse en Tucumán o en la región una vez finalizadas las guerras. Por lo que iniciaron distintos tipos de gestiones para asegurarse la posibilidad de permanecer en esta zona. Ante esta situación, el casamiento con mujeres locales parece ser solo el primer paso de estos proyectos.

Señalamos con anterioridad que el poder central quizá se benefició de esta situación. Es posible ver, además, que ciertas disposiciones del poder provincial también colaboraron a reforzar el arraigo de estos hombres. En 1816, el gobernador de Tucumán, Bernabé Aráoz, estableció un plan de premios que consistía en repartos de predios urbanos para los oficiales destacados del Ejército Auxiliar del Perú. En el artículo 3 de dicho plan –que finalmente se efectivizó en 1818–, se establecía que para los premios serían preferidos los nacidos en Tucumán que hayan participado en el ejército y destacado en acciones de guerra (Tío Vallejo, 2001: 264).

No obstante, hemos encontrado que no solo hombres nacidos en esa provincia fueron los beneficiarios. Ejemplo de ello es que el 6 de octubre de 1818, Manuel Belgrano, comandante en jefe del Ejército Auxiliar del Perú, escribía a las autoridades provinciales para que accedieran a las tierras que solicitaba el teniente coronel Juan Escobar, nacido en Buenos Aires. Ya en septiembre de ese mismo año, había realizado una intervención similar a favor del subteniente retirado José Antonio Villagrán, quien sí tenía origen tucumano, para que se le cediera un terreno para quinta.[19]

---

[19]   Ambos en AGN, Sala X, Legajo 5-10-7, Gobierno de Tucumán, 1816-1817.

Sin embargo, también es posible ver que estos oficiales no solo recurrieron a estos premios en tierra otorgados por la Gobernación de Tucumán para asegurar su arraigo en la provincia. El 29 de marzo de 1819, el teniente coronel Domingo Arévalo dirigió una carta al gobernador solicitándole tuvieran a bien entregarle, en función de sus sueldos devengados, la casa propiedad del gobierno que en ese momento se estaba utilizando para la maestranza del ejército.[20] Su pedido contaba además con la aprobación de Belgrano. El gobernador Feliciano de la Mota Botello accedió a este pedido el 30 de abril de ese año,[21] si bien es cierto que uno podría pensar que Belgrano solo facilitó el acceso a los premios y a la tierra de aquellos oficiales que se encontraban más cercanos a su círculo, como el caso de Arévalo, que actuaba como su edecán. Lo cierto es que Belgrano firmaba las recomendaciones aun de aquellos integrantes de las milicias provinciales que solicitaban acceder a este beneficio, como ha señalado Tío Vallejo (2001: 265). En este sentido, no podemos descartar que el reemplazo de Bernabé Aráoz por Feliciano de la Mota Botello, personaje más cercano a Belgrano, en la gobernación de Tucumán, quizás haya facilitado el acceso a la tierra de los oficiales nacidos fuera de dicha provincia dejando atrás lo estipulado en el plan de premios ideado por Aráoz. Así como Belgrano utilizó la entrega de grados en el ejército a hombres enrolados en las milicias provinciales como forma de recompensar su colaboración y reforzar su autoridad en las jurisdicciones en las que tuvo destacada actuación el Ejército Auxiliar del Perú,[22] el facilitar el acceso a la tierra de sus subordinados nos revela también una trama de solidaridades con la cual Belgrano buscaba fortalecer su autoridad.

---

[20]   AGN, Sala X, Legajo 5-10-4, Gobierno de Tucumán, 1818-1819.
[21]   AGN, Sala X, Legajo 5-10-4, Gobierno de Tucumán, 1818-1819.
[22]   AGN, Sala X, Legajo 4-2-1, Ejército Auxiliar del Perú.

Estos tres oficiales mencionados formaban parte del grupo que, según identificamos, contrajo matrimonio entre 1816 y 1818. La obtención de estas propiedades les habría permitido avecindarse en Tucumán (Tío Vallejo, 2001: 264). No es extraño entonces que Belgrano, al avalar el pedido de Villagrán, aluda a que es un hombre que está "establecido en este país" y que necesita la tierra "para radicarse de un modo que pueda sostener a su familia";[23] y que en el caso de Escobar, diga: "Uno de los oficiales que han fijado destino en esta Provincia".[24]

Sin embargo, los casos descritos no deben hacernos perder de vista que no todos pudieron cumplir con la intención de instalarse definitivamente en San Miguel de Tucumán y en la región. En muchos casos, hay que considerar que la conflictividad política terminará cambiando sus planes y alejándolos de este espacio. Sin ir más lejos, esto ocurrió con el teniente coronel Domingo Arévalo, quien fue encarcelado junto con el gobernador Feliciano de la Mota Botello y Manuel Belgrano cuando en 1819 la guarnición que había quedado del Ejército Auxiliar del Perú se reveló contra las autoridades provinciales.

Por la reconstrucción que hemos realizado de su itinerario, sabemos que Arévalo permaneció en esta provincia hasta que, acompañando al general Belgrano, inició su marcha hacia Buenos Aires y ya no retornó a Tucumán. Luego de participar de las fuerzas que armó la provincia de Buenos Aires para enfrentar a las tropas de Carrera en 1820, fue destinado a comandar tropas en la frontera y terminó fijando residencia en el partido de Lobos, provincia de Buenos Aires (Yaben, 1939: 323). A pesar de estar casado con Juana Laguna, hija de una de las más importantes familias tucumanas, no pudo retornar a Tucumán. En esta

---

23   AGN, Sala X, Legajo 5-10-7, Gobierno de Tucumán, 1816-1817.
24   AGN, Sala X, Legajo 5-10-7, Gobierno de Tucumán, 1816-1817.

situación pueden haber jugado un rol preponderante los enojos y enconos que se habían generado en torno a su figura como edecán de Belgrano en 1819 entre los oficiales que llevaron adelante el motín contra Mota Botello y que no parecen haberse borrado luego del retorno de Bernabé Aráoz al poder de esa provincia (Jaimes Freyre, 1911: 8 y 9).

Juan Escobar, por el contrario, fijó efectivamente su residencia en Tucumán durante algún tiempo, aunque quizá no se convirtió en un agente del poder revolucionario en la difícil coyuntura de los años 1819 y 1820, ya que fue uno de los oficiales más activos en el motín de Arequito, que sustrajo al Ejército Auxiliar del Perú de la obediencia del Directorio. Luego de este suceso, retornó a Buenos Aires, donde solicitó permiso para trasladarse a Tucumán. Permaneció en San Miguel hasta que fue convocado para reintegrase al ejército con motivo del enfrentamiento con Brasil por la Banda Oriental. Una vez concluida esta contienda, se radicó en Buenos Aires, su lugar de nacimiento (Yaben, 1939: 377-380).

Otros, en cambio, aunque hayan visto alterada su permanencia por las disputas políticas que se suscitaron a partir de 1820, lograron tener vínculos mucho más estrechos con estos espacios, como lo demuestra el caso del capitán Felipe Bertrés, quien era oriundo de Francia. Este oficial, a partir de 1820, se desempeñó como agrimensor general de la nueva provincia de Tucumán (Perrili y Paterlini, 2009: 283). Permaneció en este cargo hasta 1822, cuando tras la salida del gobierno de Abraham González, al que había apoyado en su disputa contra Bernabé Aráoz, debió dirigirse a Buenos Aires.

Allí desempeñó funciones similares hasta que en 1826 regresó a Tucumán y volvió a ejercer el cargo de agrimensor general por orden del gobernador Gregorio Aráoz de

Lamadrid.[25] Residió en Tucumán hasta 1833, cuando se trasladó a Bolivia a raíz de haber sido derrotada la coalición que se enfrentó a Rosas. Hasta ese año, al cargo de agrimensor sumó el de director de una escuela lancasteriana y un breve paso por la Legislatura. Regresó a Tucumán en 1852, donde no solo retomó su trabajo como agrimensor sino que también presidió la Junta Inspectora de Escuelas. En 1855, se trasladó a Salta, donde cumplió funciones similares y falleció en 1856 (Perrili y Paterlini, 2009: 283-295). Aunque en dos oportunidades debió alejarse de Tucumán y su permanencia en Bolivia fue muy prolongada, es posible ver que su vínculo con la ciudad de Tucumán fue muy importante. Como muestra de ésto, también debemos señalar que su casamiento con Petrona Moyano había sido en segundas nupcias. Anteriormente había estado casado con María Caínzo, también tucumana, de la cual enviudó (Perrili y Paterlini, 2009: 296).

En definitiva, a pesar de las disidencias políticas que lo hicieron alejarse de Tucumán por ciertos períodos, se mantuvo vinculado a esta provincia y retornó a ella siempre que la situación se lo permitió. No hay dudas de que Felipe Bertrés supo sacar provecho de las relaciones que estuvieron a su alcance a partir de su casamiento con mujeres locales, pero también debemos señalar que logró capitalizar sus conocimientos técnicos, por lo cual siempre ocupó posiciones importantes en momentos donde los hombres con sus conocimientos no abundaban.

Recapitulemos. Hemos visto que nuestros oficiales, para afianzar los vínculos con la sociedad tucumana, recurrieron a la compra o solicitud de tierras y propiedades.

---

[25] En 1822 por encargo del Gobierno de Martín Rodríguez, Felipe Bertrés realizó un plano de la ciudad de Buenos Aires, que más que un verdadero plano topográfico era una visión programática de lo que debía ser la futura capital de una república. Cfr. González Bernaldo, Pilar (2007: 62).

Pero principalmente, la mayoría lo hizo a través de la unión en matrimonio con mujeres locales. Para avanzar sobre su participación política en el interior de las Provincias Unidas del Río de la Plata, es que interesa enfatizar este último punto. Si hasta aquí nos hemos centrado en los militares, resta recuperar la importancia que estos matrimonios tuvieron para las propias elites tucumanas.

2. Yo quiero un marido revolucionario

Resulta sugerente detenerse en el lugar que ocupaban en la sociedad tucumana o santiagueña las familias de las mujeres con las que contrajeron matrimonio los oficiales del Ejército Auxiliar del Perú de los que venimos hablando. Algunos hombres se vincularon con las familias más importantes de las elites de la región. Los Aráoz, García, Muñecas, Garmendia, Alurralde, Lamadrid y Laguna construyeron su preeminencia en tiempos coloniales, y muchos de sus miembros continuaron siendo figuras centrales en la política tucumana durante la revolución, pero también en los años que le sucedieron.[26] Lo mismo ocurría con la familia Isnardi de Santiago del Estero y con los Tamayo en Salta. Estas familias ocupaban posiciones de poder político y económico gracias a la diversidad de actividades ejercidas por sus miembros –comerciantes, letrados, propietarios de tierras– y a los múltiples lazos tejidos entre ellas y los distintos poderes existentes (Iramain, 2005: 115).

Las estrategias matrimoniales ocupaban un lugar muy importante, ya que eran una forma de reproducción del capital social y simbólico, que habían desarrollado desde la colonia (López, 2005: 13). No llama la atención entonces

---

[26]   Para ver el recorrido de la familia Aráoz en Tucumán puede consultarse el trabajo de Pablo Iramain (2005).

que muchas de estas familias hayan tratado de consolidar la articulación con el poder central y especialmente con la plana mayor del Ejército Auxiliar del Perú para lograr seguir ocupando espacios en el cabildo y en la Sala de Representantes después de 1820, como sostiene García de Saltor (2003: 103).

Lo ocurrido con las hijas del matrimonio entre José Ignacio Garmendia y María Elena de Alurralde nos sirve para ilustrar esta cuestión. En 1817, en una misma ceremonia, contrajeron matrimonio las hermanas Crisanta, Luisa y Cruz Garmendia y Alurralde con el sargento mayor Jerónimo Helguera, el coronel mayor Francisco Antonio Pinto y el teniente coronel Emidio Salvigni, respectivamente. Estos hombres ocupaban lugares importantes en la estructura del Ejército Auxiliar del Perú: Helguera y Salvigni eran edecanes del general en jefe, y Francisco Antonio Pinto conducía el regimiento de infantería N.º 10 y era el editor responsable del *Diario Militar del Ejército Auxiliar del Perú,* lo que explica que el general Belgrano haya actuado como padrino de bodas.

Cristina López ha señalado que muchos clanes familiares perdieron parte de su influencia ante la imposibilidad de adecuarse a las nuevas coyunturas políticas y económicas abiertas por las reformas borbónicas, primero, y por la revolución, después (López, 2005:16). Teniendo eso en cuenta, pensamos que estos casamientos podrían haber significado una estrategia de reproducción y supervivencia para estas familias. En este caso en particular, un militar contemporáneo recordó en sus memorias la trascendencia que tuvo este asunto para los interesados y para el propio Belgrano.[27]

---

[27]   Lugones, Lorenzo, *Recuerdos históricos sobre Las campañas del Ejército Auxiliador del Perú en la Guerra de Independencia en esclarecimiento*

No podemos perder de vista que el matrimonio como forma de reproducción del capital simbólico, económico, político y social era una estrategia que podemos retrotraer a tiempos coloniales. Las reformas borbónicas multiplicaron la cantidad de funcionarios en todos los territorios del virreinato del Río de la Plata, y fueron muchas las familias que buscaron que sus hijas contrajeran matrimonio con los nuevos representantes del poder real en América. Gabriela Tío Vallejo ha señalado que en el contexto revolucionario, el aparato burocrático sufrió una desmembración importante, transformando a los oficiales de los ejércitos en los funcionarios más importantes del estado entre 1810 y 1820, lo que hizo que la organización militar surgida con la guerra haya sido la única estructura de ascenso al poder político ligada al estado (Tío Vallejo, 2001: 261). Si tenemos esto en cuenta, y también lo ocurrido en tiempos coloniales con los funcionarios borbónicos, no es extraño que las familias tucumanas hayan intentado casar a sus hijas con los integrantes del Ejército Auxiliar, como una forma de seguir ligadas al poder central y así también mantener su posición en la sociedad tucumana.[28] De esta forma, advertimos casos concretos sobre la manera en que la revolución permitió que los oficiales dejaran atrás ese lugar de marginamiento social relativo que habían experimentado los integrantes de las fuerzas regulares durante la colonia, al menos en el litoral, y que limitaba las opciones de casamiento a las hijas de otros compañeros de armas (Halperin Donghi, 1978: 125 y 126).

En un trabajo anterior, hemos señalado que a partir de 1820, la mayor parte de los oficiales del Ejército Auxiliar del Perú que ejercieron funciones políticas y militares lo

---

de las memorias póstumas del Brigadier General Don José María Paz, Buenos Aires, Imprenta Europea, 1888, pp. 132.

[28]   Para ver la función de las estrategias familiares, véase Levi (1985: 163).

hicieron en sus lugares de nacimiento, a diferencia del período revolucionario donde la situación era inversa (Morea, 2012a). Sin embargo, a la par que dábamos cuenta de esta situación, nos preguntábamos por aquellos que luego de la desaparición del poder central y la disolución del Ejército Auxiliar del Perú habían logrado insertarse en otros espacios y, sobre todo, ejercer distinto tipo de funciones y cargos, desde gobernador hasta comandantes de armas pasando por las legislaturas locales o la diputación en el Congreso de 1824.

Respecto de ello, concluimos resaltando la diversidad de itinerarios dados en el marco de un estado en formación, que no estipulaba requisitos formales de acceso a la política. Si algunos de los oficiales lograron encontrar espacios gracias a los conocimientos militares adquiridos en su paso por el Ejército Auxiliar del Perú, como ocurrió con Pérez de Urdinenea o Juan Gualberto Echeverría, otros lo hicieron por los vínculos que tejieron por fuera del Ejército, y en este marco, los matrimonios resultaron fundamentales (Morea, 2012b: 14-18). Entonces, Domingo Arévalo o Juan Escobar, más allá de sus conocimientos militares, son ejemplos de estas situaciones donde los vínculos tejidos y sobre todo el matrimonio se mostraban como oportunidades de inserción en las elites locales, aunque en el caso de ellos dos, la coyuntura revolucionaria los haya alejado de Tucumán y haya dificultado lo que parecían ser proyectos de radicación muy claros. Así, resta ahora advertir la manera en que algunos de los oficiales de los que dimos cuenta anteriormente sí lograron capitalizar los vínculos generados a partir de los casamientos con hijas de la elite. Profundizaremos en algunas trayectorias.

3. El casamiento como plataforma para la construcción de carreras políticas

Como dijimos, en 1817 Jerónimo Helguera, un joven oficial nacido en Buenos Aires que se había integrado al Ejército Auxiliar del Perú en 1812, solicitó permiso al gobierno para casarse con Crisanta Garmendia, hija de dos vecinos de Tucumán e integrantes de la elite local, José Ignacio Garmendia y María Elena Alurralde.[29] A partir de ese momento, es posible ver que la vida de Helguera quedó atada a los vaivenes políticos de la provincia de Tucumán.

Su suegro era uno de los grandes comerciantes de la ciudad de Tucumán y, además, había sido coronel de milicias en tiempos coloniales y antes de la batalla de Tucumán había tenido correspondencia con Pío Tristán, comandante en jefe del Ejército de Lima, con quien lo unían relaciones comerciales. Sin embargo, fueron su esposa y sus hijos los que dieron mayor muestra de fervor revolucionario. José Ignacio Garmendia y Alurralde, cuñado de Helguera, fue parte del grupo de grandes comerciantes que convencieron a Belgrano en 1812 para que enfrentara al Ejército de Lima. Además de esto, fue funcionario de los gobernadores Bernabé Aráoz y Feliciano de la Mota Botello. Otro de sus cuñados, hijo de un matrimonio anterior de su suegra, fue nada menos que el cura José Idelfonso de las Muñecas, quien tuvo una destacada actuación en los sucesos revolucionarios en el Alto Perú como jefe de guerrillas hasta su muerte en 1817.[30]

El acercamiento entre Helguera y Crisanta seguramente fue producto de las fluidas relaciones que sus cuñados mantuvieron con el Ejército Auxiliar del Perú y con sus

---

[29]   AGN, Sala X, Legajo 9-9-7.
[30]   Se puede consultar sobre el cura Muñecas el trabajo de Luis Miguel Glave (2002).

principales hombres, y no podemos dejar de recordar que según las memorias de Iriarte, una de las tertulias más importantes era la patrocinada por María Elena Alurralde. Podemos continuar advirtiendo entonces que estos casamientos podían ser vistos como una estrategia tendiente a la reproducción y supervivencia de la posición y el prestigio de las familias de las elites durante la tormenta revolucionaria, como señalaba Cristina López. Según Myers, la noción misma de elite estaba experimentando cambios en función de la creencia instalada en la mayoría de la población de que la pertenencia a ella ahora dependía de la posesión de algún mérito individual (Myers, 1999: 114 y 115). Por lo tanto, no podemos dejar de notar la resignificación de los matrimonios al calor de la nueva coyuntura. Los casamientos de las hijas de la elite con los oficiales de los ejércitos revolucionarios eran percibidos y podían exteriorizarse como una muestra de compromiso con la causa revolucionaria y los valores promovidos por ella y, de esta forma, se legitimaba y reconfirmaba la pertenencia a la elite.

Si bien en 1820 Jerónimo Helguera acompañó a Belgrano hasta Buenos Aires, en 1822 se radicó definitivamente en Tucumán. En 1824, en el Congreso convocado para tratar de reunificar a las provincias detrás de una nueva autoridad central, Jerónimo Helguera fue elegido como uno de los representantes de Tucumán, acompañado en la tarea por su cuñado, José Ignacio Garmendia y Alurralde. A partir de este momento, quedó vinculado al grupo unitario del que formaba parte también su otro cuñado, Pedro Garmendia. Sus vínculos con una de las familias más importantes de Tucumán, que había logrado conservar su influencia y posición tras las guerras de Independencia, le permitieron saltear las barreras que en muchas ocasiones se erigieron para aquellos oriundos de otros espacios que querían participar de los ámbitos de decisión en los lugares que habían elegido para vivir. En este contexto, no llama la atención que fuese obligado a exiliarse a Chile en 1836 por Alejandro Heredia, a causa de pertenecer a la facción contraria. En este país falleció en 1838.

Un recorrido similar podemos ver en la trayectoria de vida de Juan José D'Auxión Lavaysse. Este oficial de origen francés se había desempeñado en las tropas imperiales hasta la caída de Napoleón. Arribó a las costas del Río de la Plata en enero de 1817 en los barcos que compró José Miguel Carrera en Estados Unidos. Una vez en las Provincias Unidas del Río de la Plata, se alejó de los planes de Carrera y se incorporó al Ejército Auxiliar del Perú. En junio de ese año, solicitó al gobierno autorización para contraer matrimonio con María Isnardi, nacida en Santiago del Estero e hija de Pedro Isnardi y Petrona Corvalán de Castillo. Pedro Isnardi ejercía la abogacía en Santiago del Estero, fue procurador general del Cabildo de Santiago del Estero y adhirió a la causa revolucionaria junto a sus hijos. Uno de ellos, Pedro Domingo Isnardi, estuvo en el Ejército Auxiliar del Perú entre 1813 y 1814, y también se desempe- ñó como teniente gobernador de Santiago del Estero entre 1814 y 1815 hasta que fue removido por Bernabé Aráoz. Lavaysse, desde el momento en que contrajo matrimonio con María Isnardi, trató de cuidar su reputación en la región con vistas a lograr insertarse de la mejor manera en la elite santiagueña. De allí su enojo por los dichos que Feliciano Chiclana hizo correr por boca de diferentes personas, en- tre ellas, el presbítero Archundo, en Santiago del Estero y Tucumán, según los cuales Juan José Dauxión Lavaysse ya estaba casado en el momento de contraer matrimonio con María Isnardi en 1817.[31]

---

[31]   Carta del 3 de agosto de 1818 al Director Supremo, Juan Martín de Pue-yrredón. AGN, Sala X, Legajo 5-10-4, Gobierno de Tucumán, 1818-1819.

Aparentemente, esta operación de difamación también incluyó la publicación de esta información en la prensa de Estados Unidos a partir del accionar de los opositores al directorio, que habían sido desterrados a ese país.[32] No obstante, debe considerarse que detrás de esta operación se encontraban los partidarios de José Miguel Carreras, como Chiclana, que habían formado parte de una conspiración contra el gobierno de Pueyrredón y que fue denunciada por el mismo Lavaysse (Gárgaro, 1943: 8).

Lavaysse, consciente de que la mejor forma de progresar en Santiago del Estero no solo era tener buenas relaciones con su familia política sino también ser respetado por el resto de la elite, realizó esfuerzos por recomponer su honorabilidad y defender la dignidad de su reciente esposa y, por lo tanto, de toda la familia. Para ello, en carta dirigida al Director Supremo solicitaba que se obligara a Feliciano Chiclana a retractarse sobre las calumnias que había hecho circular en Santiago del Estero y Tucumán, pidiendo "justicia y satisfacción del asesino de mi reputación y restablecimiento de la paz de mi familia".[33] Es difícil conocer la repercusión de este rumor echado a rodar por Chiclana, pero suponemos que no tuvo mayor impacto, ya que desde 1820 es posible ver a Lavaysse actuando de forma muy activa en los asuntos políticos no solo de Santiago del Estero, sino también de Tucumán.

Al producirse el levantamiento de Abraham González en Tucumán en 1819 y el motín de Arequito en el Ejército Auxiliar del Perú en 1820, Lavaysse quedó sin ocupación y se dirigió a Santiago del Estero. Ya en esta ciudad, y por sus vínculos con la familia Isnardi, participó de la separación de Santiago del Estero de la jurisdicción de Tucumán y firmó el acta de la autonomía en calidad de secretario.

---

[32]   AGN, Sala X, Legajo 5-10-4, Gobierno de Tucumán, 1818-1819.
[33]   AGN, Sala X, Legajo 5-10-4, Gobierno de Tucumán, 1818-1819.

Posteriormente, participó de la redacción de la constitución que se dio la novel provincia y fue secretario de la nueva legislatura. En esos primeros momentos de la autonomía santiagueña con respecto a Tucumán, Lavaysse actuó como publicista del gobernador Felipe Ibarra (Nanni, 2009). Sin embargo, su trabajo con el gobernador de Santiago del Estero no fue muy extenso, ya que en 1821 lo podemos encontrar de regreso en Tucumán. En agosto de 1821, Abraham González, quien a fines de 1819 se había amotinado con parte del piquete que había quedado del Ejército Auxiliar del Perú y había desplazado al gobernador Feliciano de la Mota Botello, volvió a encabezar un motín militar esta vez en contra de Bernabé Aráoz, que había sido nombrado en reemplazo de Mota Botello por el Cabildo de Tucumán. Para desplazar a Aráoz, Abraham González contó con el apoyo del gobernador de Santiago del Estero, quien colaboraba con todo aquel que hiciera frente a Bernabé Araoz, ya que este último nunca había aceptado la separación de Santiago del Estero de Tucumán.

En el contexto de construcción de las unidades políticas provinciales, donde los requerimientos para acceder a la política no estaban definidos ni fijos, aquellos que contaban con conocimientos y saberes específicos supieron sacar provecho de ellos y utilizarlos para posicionarse y ocupar lugares importantes, como vimos con Felipe Bertrés, cuyos conocimientos sobre ingeniería le permitieron desempeñarse como agrimensor. Es en este marco que Juan José Lavaysse encontró un espacio para ofrecer sus servicios al nuevo gobernador y poner toda su experiencia como hombre vinculado a las letras, con pasado en la diplomacia francesa y como publicista al servicio de la aventura de González.

Desde el 28 de agosto de 1821, se hizo cargo de la redacción de *El Restaurador Tucumano,* el periódico que comenzó a publicar González para legitimar su reciente llegada a la gobernación (Nanni, 2009: 211). En esta tarea permaneció hasta el 18 de diciembre, en que se alejó de la redacción tras la salida del último número para dedicarse a las ciencias naturales (Borda, 1959: 143). Después de la salida de González del poder, retornó a Santiago del Estero y volvió a formar parte de la Legislatura. Sin embargo, en 1825 debió huir hacia Salta una vez que Felipe Ibarra recobró el poder que le habían arrebatado momentáneamente las fuerzas unitarias al mando del coronel Bedoya, por las cuales había mostrado su simpatía. Tras buscar nuevos horizontes en Chile, donde fue director del Museo de Ciencias Naturales, falleció en Perú en 1829 después de haber vivido en Salta y Mendoza.

A pesar de que los itinerarios seguidos a partir de 1820 por los oficiales elegidos presentan diferencias entre sí, es posible ver que para todos ellos, los vínculos que incorporaron a sus redes de relaciones a partir de los casamientos con las hijas de las elites resultaron fundamentales para participar del juego político abierto con la crisis del poder revolucionario en la tercera década del siglo XIX. Si algunos de ellos, como Bertrés y Lavaysse, además tenían un capital cultural y simbólico que les facilitó construirse su propio espacio en función de aportar un saber o un conocimiento específico, lo cierto es que hombres como Helguera, que no lo tenían, no se vieron marginados del proceso político, y ahí el vínculo con sus familias resultó fundamental. Sin embargo, tampoco podemos dejar de mencionar que así como estos hombres supieron aprovechar las oportunidades que se les ofrecían, muchas de estas familias también encontraron en estos matrimonios una forma de conservar parte de su prestigio, posición y ascendencia en un contexto de crisis y rediscusión de los criterios de notabilidad mediante la incorporación en el seno familiar de aquellos hombres que encarnaban el proyecto revolucionario.

4. A modo de conclusión

La derrota del Ejército Auxiliar del Perú en Sipe-Sipe marcó el fin de los intentos por vencer a las fuerzas realistas de Lima por el camino del Alto Perú. Este traspié, junto con la nueva estrategia militar implementada por el poder central con la llegada de Juan Martín de Pueyrredón al Directorio, señaló un nuevo espacio de actuación para el Ejército Auxiliar del Perú. A partir de 1816 y hasta su disolución en 1820 tras el motín de Arequito, esta fuerza militar tuvo como principal espacio de actuación las jurisdicciones del interior de las Provincias Unidas del Río de la Plata. A raíz de esto, el Ejército Auxiliar del Perú permaneció acantonado en San Miguel de Tucumán hasta fines de 1819.

La larga permanencia de este ejército en la ciudad permitió un contacto más fluido entre sus integrantes y los habitantes del lugar. Tanto los oficiales como la tropa participaron de los distintos espacios de sociabilidad de la sociedad tucumana y tuvieron la oportunidad de entrar en relación con las mujeres locales. De esta situación pudimos dar cuenta a partir de la constatación de la gran cantidad de casamientos que se concretaron en esos años.

Luego de analizar el lugar de nacimiento de los oficiales y sus nuevas esposas, pudimos confirmar que la mayoría de estos hombres no eran nacidos en Tucumán o la región y que, en contraposición, la mayor parte de las mujeres sí lo eran. A partir de esa información, pudimos ver que muchos de estos hombres no solo quedaron ligados a este espacio por el matrimonio, sino que también buscaron quedar vinculados a partir de la compra y adquisición de propiedades. Aunque algunos de ellos no lograron avecindarse de forma definitiva en Tucumán o la región por los vaivenes de la complicada trama política de las provincias, otros tuvieron participación destacada en la política local.

En el inicio de este artículo planteábamos que nuestro propósito era problematizar e historizar la idea de "la carrera de la revolución". Halperin Donghi había señalado con acierto que los oficiales de los ejércitos independentistas tuvieron la posibilidad de transformar su carrera militar en una carrera política, y lo analizado en este artículo nos permitió ver la forma en que algunos de estos hombres construyeron las suyas en las provincias de Tucumán y Santiago del Estero. El trabajo realizado nos permite postular algunas consideraciones que, si bien no pensamos exhaustivas, creemos importantes para pensar la conformación de una dirigencia política en el siglo XIX argentino.

En este sentido, entendemos que el casamiento con las hijas de las familias de las elites locales supuso la posibilidad de participar de espacios de discusión política, de acceder más fácil y rápidamente a cargos de gestión u ocupar espacios de decisión a hombres provenientes de otros lugares de las Provincias Unidas que lograron superar los obstáculos que la falta de vínculos y relaciones podrían haber supuesto para sus aspiraciones. Este no es un dato menor si tenemos en cuenta que tras la desaparición del poder central, la mayor parte de los oficiales que participaron activamente en la política de los nuevos estados provinciales lo hicieron en sus lugares de nacimiento.

Así como para algunos oficiales del Ejército Auxiliar del Perú las capacidades militares adquiridas durante las guerras de independencia les fueron de utilidad para insertarse en los nuevos estados provinciales y construir desde ahí carreras políticas, para un número importante de estos hombres, las relaciones tejidas con las familias tucumanas y de la región mientras el Ejército Auxiliar permaneció acantonado en San Miguel también les abrieron las puertas a la participación política. El rol de custodio del orden interno que cumplió este ejército a partir de 1816, como parte de ese objetivo mayor que llevó adelante desde su creación en 1810 –esto es, la subordinación de los territorios por él custodiados a las autoridades centrales–, facilitó este proceso. De esta forma, la decisión de mantener al Ejército Auxiliar del Perú acantonado en la ciudad de Tucumán permitió que sus oficiales participaran de la sociabilidad local y entraran en contacto con las elites locales. Si bien desde el poder central se puede haber visto de forma positiva que los hombres de este ejército se insertaran en las elites locales, ya que podían proyectar que actuarían como delegados del poder central, lo que no pudieron prever es que ante la crisis del proyecto revolucionario, estos matrimonios los proyectarían hacia sus "carreras de la revolución".

Bibliografía

Ayrolo, Valentina; Lanteri, Ana Laura y Morea, Alejandro (2011), "Repensado la 'Carrera de la Revolución'. Aportes a la discusión sobre las trayectorias políticas entre la Revolución y la Confederación (Argentina, 1806-1861)", en *Estudios Históricos-CDHRP*, año III, núm. 7, octubre de 2011, pp. 1-28.

Borda, Lizondo (1959), "La imprenta y el periodismo en Tucumán", en *Temas argentinos del siglo XIX*, Tucumán, Junta Conservadora del Archivo de Tucumán, pp. 34-57.

Bourdieu, Pierre (1980), *Le Sens pratique*, París, Minuit.

Curiel, Carole Leal (1998), "Tertulias de dos ciudades: modernismo tardío y formas de sociabilidad política en la provincia de Venezuela", en Guerra, Francois-Xavier y Lempérière, Annick (comps.), *Los espacios públicos en Iberoamérica. Ambigüedades y problemas. Siglos XVIII-XIX*, México, Fondo de Cultura Económica, pp. 168-195.

García de Saltor, Irene (2003), *La construcción del espacio político. Tucumán en la primera mitad del siglo XIX,* Tucumán, Facultad de Filosofía y Letras, Universidad Nacional de Tucumán.

Gárgaro, Alfredo (1943), *El general Juan José Lavaysse,* Tucumán, Editorial La Raza, pp. 1-19.

González Bernaldo, Pilar (2001), *Civilidad y política en los orígenes de la nación argentina. Las sociabilidades en Buenos Aires, 1829-1862,* Buenos Aires, Fondo de Cultura Económica.

Guerra, Francois-Xavier y Lempérière, Annick (1998), "Introducción", en Guerra, Francois-Xavier y Lempérière, Annick (comps.), *Los espacios públicos en Iberoamérica. Ambigüedades y problemas. Siglos XVIII-XIX,* México, Fondo de Cultura Económica, pp. 5-21.

Halperin Donghi, Tulio (1971), "Gastos militares y economía regional: el Ejército del Norte (1810-1817)", *Desarrollo Económico,* vol. 11, núm. 41, pp. 87-99.

Halperin Donghi, Tulio (1972), *De la revolución de independencia a la confederación rosista,* Buenos Aires, Editorial Paidós.

Halperin Donghi, Tulio (1978), "Militarización revolucionaria en Buenos Aires, 1806-1815", en Halperin Donghi, Tulio (comp.), *El ocaso del orden colonial en Hispanoamérica,* Buenos Aires, Sudamericana, pp. 121-158.

Iramain, Pablo Sebastián (2005), "El proceso de independencia a través de las familias principales. Tucumán entre 1810 y 1820", en García de Saltor, Irene y López, Cristina (comps.), *Representaciones, sociedad y poder. Tucumán en la primera mitad del siglo XIX,* Tucumán, Facultad de Filosofía y Letras, Universidad Nacional de Tucumán, pp. 85-162.

Jaimes Freyre, Ricardo (1911), *Historia de la República de Tucumán,* Buenos Aires, Imprenta Coni Hermanos.

Leoni Pinto, Ramón (2007), *Tucumán y la Región Noroeste. Período 1810-1825,* Tucumán, Academia Nacional de la Historia, Universidad Nacional de Tucumán.

Levi, Geovanni (1985), *La herencia inmaterial. La historia de un exorcista piamontés del siglo XVII,* España, Nerea.

López, Cristina (2005), "Redes familiares y poder en el Tucumán de comienzo del siglo XIX", en García de Saltor, Irene y López, Cristina (comps.), *Representaciones, sociedad y política en los pueblos de la República. Primera mitad del siglo XIX,* Tucumán, Facultad de Filosofía y Letras, Universidad Nacional de Tucumán, pp. 11-25.

Morea, Alejandro (2012a), "El Ejército Auxiliar del Perú: algunas características sobre su cuerpo de oficiales", ponencia presentada en las I Jornadas Bianuales del Doctorados y Becarios, IHES, Facultad de Ciencias Humanas, Tandil, 25 y 26 de marzo de 2012.

Morea, Alejandro (2012b), "La inserción de los oficiales del Ejército Auxiliar del Perú en las Provincias Unidas del Río de la Plata a partir de 1820", actas de la III Reunião do Comitê Acadêmico História, Região e Fronteira da Associação de Universidades do Grupo Montevideo, 25 a 28 de abril de 2012, Santa María, RS, Brasil.

Myers, Jorge (1999), "Una revolución en las costumbres: las nuevas formas de sociabilidad de la elite porteña, 1800-1860", en Devoto, Fernando y Madero, Marta (comps.), *Historia de la vida privada en Argentina,* Buenos Aires, Taurus, pp. 110-145.

Nanni, Facundo (2009), "Libelos y periódicos, tertulias y asociaciones. Los espacios de sociabilidad y opinión en Tucumán. 1820-1852", en Muñoz, Marisa y Vermeren, Patrice (comps.), *Repensando el siglo XIX desde América Latina y Francia. Homenaje al filósofo Arturo A. Roig,* Buenos Aires, Colihue Universidad, pp. 247-256.

Parolo, Paula (2004), "Las pulpería en Tucumán en la primera mitad del siglo XIX. Un espacio de libertad y de conflicto", *Travesías,* núms. 7 y 8, pp. 127-148.

Parolo, Paula (2008), *"Ni súplicas, ni ruegos". Las estrategias de subsistencia de los sectores populares en Tucumán en la primera mitad del siglo XIX,* Rosario, Prohistoria Ediciones.

Perilli de Colombres Garmendia, Elena y Paterlini de Koch, Olga (2009), "Felipe Bertrés. Ingeniero francés constructor de ciudad y territorio", en Robledo, Nélida Beatriz; Tío Vallejo, Gabriela y Perilli de Colombres Garmendia, Elena, *Ramón Leoni Pinto. In Memorian: Jornadas de historia de Tucumán,* Tucumán, Junta de Estudios Históricos de Tucumán, pp. 277-299.

Tío Vallejo, Gabriela (2001), *Antiguo r*égimen y *liberalismo. Tucumán, 1770-1830,* Tucumán, Facultad de Filosofía y Letras, Universidad Nacional de Tucumán.

Yaben, Jacinto (1939), *Biografías argentinas y sudamericanas,* Buenos Aires, Editorial Metrópolis.

Lazos invisibles, conflictos evidentes
El mundo social y político riojano, 1810-1825

Valentina Ayrolo

La Rioja era una jurisdicción eminentemente rural con una única ciudad poco desarrollada. Un ilustre lugareño dijo de ella que era "una aldea miserable" (citado por Bazán: 1979: 220). Pese a tener Cabildo, esta institución no tenía edificio que la representara, lo que implicó por mucho tiempo que la corporación se reuniera en casas de particulares. Este hecho es significativo desde el punto de vista simbólico y, al mismo tiempo, coherente con el carácter rural mencionado, así como también con el perfil de la sociedad que describiremos.

La escasa dimensión del espacio urbano es uno de los elementos que explica la lejanía de La Rioja de los caminos del comercio. Durante la Colonia y hasta la década de 1820, los curatos de Famatina, Guandacol y Arauco eran las zonas más ricas de la región, y solo a partir de la tercera década del siglo XIX Los Llanos aumentó en centralidad e importancia.

La entrega de tierras en merced y la presencia significativa de indios reunidos en torno a pueblos –la mayor parte de las veces, refundados– propiciaron el desarrollo de lo que historiadores calificaron como "señoríos feudales".³⁴ Esa situación generó una marca social que se verá reflejada

---

³⁴ Cabe aclarar que la constitución de estos "señoríos feudales" a los que preferimos denominar Casas no es la misma de aquellas que se han estudiado para varios casos hispanoamericanos. Su origen es anterior al siglo XIX y la conformación de su patrimonio tiene en la base mayorazgos y/o encomiendas otorgadas en el siglo XVII. No obstante, también podemos pensar en ellas como "una organización" (Halperin, 1972: 410) y/o como aquellas que estudia Gustavo Paz en tanto "verdaderas 'redes' que funcionaban como una organización social no sólo en el ámbito privado sino también en la esfera pública" (Paz, 2003: 223).

en los vínculos entre las personas, pero también, como mencionamos respecto del Cabildo, en las instituciones. La expresión más clara de lo que señalamos se manifestó en el desarrollo y la persistencia de comportamientos y formas de percibir y concebir el mundo social de tipo corporativo por parte de los habitantes de La Rioja.[35] En este sentido, en 1972 Halperin Donghi se preguntaba en qué medida la Revolución había afectado el vigor de la institución familiar entendida como casa.[36] Su respuesta era triple. En algunos casos, lo que ocurrió fue la condena de uno de los miembros, produciéndose el traslado de "la fortuna" familiar al sector patriota, como sucedió con los Archondo de Salta o los Alzaga de Buenos Aires. En otros, se cambió directamente el jefe del linaje, como en la "casa de los Allende" en Córdoba. Finalmente, otras veces la Revolución fue árbitro de la rivalidad entre las familias. En cualquiera de estas situaciones, Halperin concluyó que la disolución del estado central en 1820 devolvió un inmenso poder a las grandes familias que supieron atravesar la tormenta revolucionaria, salvando el patrimonio de tierras y clientes acumulados en tiempos coloniales. Sin embargo, la experiencia revolucionaria había dejado huellas, ya que la delegación de funciones había hecho surgir dirigentes locales más poderosos. Desde entonces, esas figuras sobresaldrían de esa unidad que era la familia con más vigor que en tiempos coloniales (Halperin Donghi, 1972: 411).

Lo planteado en los párrafos precedentes ayuda a pensar los fenómenos que estudiamos considerando las características del período como una etapa de transición política gradual, en la que las pervivencias siguen acompañando cambios que parecen inevitables que tomaran formas y ritmos locales.

---

[35]   Una interesante reflexión al respecto con la que acordamos puede verse en Guerra (2003).

[36]   Véase Halperin Donghi (1972: 411).

Como mencionamos, desde épocas coloniales y hasta 1820 –por lo menos–, La Rioja funcionará según los criterios de un mundo social regido por las Casas y en un universo de actores colectivos. Sin embargo, desde 1810 se había manifestado la necesidad de construir el discurso y adaptar las prácticas a las formas de una nueva lógica política impuesta por la Revolución. Ello implicó la apelación al republicanismo y "los principios liberales", en el leguaje de la época, para justificar y explicar las conductas políticas. Estas experiencias permearon la sociedad riojana y de manera gradual se fueron instalando en las discusiones sobre el origen y la legitimidad del poder, la representación y la ciudadanía, obligando a los riojanos a asumir posturas y conductas que rompían con las prácticas coloniales.

Por otro lado y de forma paralela, la política local adoptará algunas características típicas de los momentos de transición en los que se resuelven las dificultades de manera espontánea y ecléctica, a partir de los elementos que se conocen y de las herramientas que se poseen.[37] Cierto es, no obstante, que estas medidas no siempre fueron novedosas, ya que seguramente reposaban en la costumbre y, aunque no es nuestra tarea aquí descubrir ese sustrato, no deja de ser importante considerarlo.

De esta manera, los grupos (Casas) que hasta esos años administraron el poder se vieron precisados de reorientar sus lealtades, amistades y negocios en el sentido que dictaba la nueva política revolucionaria. En parte, el resultado de este proceso fue la aparición, como lo menciona Halperin, de "dirigentes locales más poderosos; esas figuras se destacan ahora de esa unidad que es la familia con más vigor que en tiempos coloniales".

Finalmente, hay otro dato que tendremos en cuenta para comprender el período. Se trata de la presencia de un

---

[37]   Sobre el particular nos explayamos en Ayrolo (2011a y 2011b).

sector refractario a la Revolución que también intervino e interfirió en el juego político. Este grupo, compuesto por locales y foráneos, buscó la manera de no quedar otra vez "expatriado", pero esta vez, del juego político local.

Considerando todos los elementos mencionados, mi trabajo abordará el problema de la diversidad de formas que alcanza la política en tiempos de transición a través de algunos hechos que revelan las tensiones, las contradicciones, pero también las soluciones que se manifiestan en las primeras décadas del siglo XIX. Para ello, primeramente y bajo el rótulo "ideas, voces y acción", estudiaremos cómo en un pequeño espacio local, sobre la base de antiguas solidaridades y concepciones del mundo social y político, se construyeron nuevas alineaciones políticas, espejando la lógica general de las Provincias Unidas. Este análisis nos permitirá advertir focos de tensión que quedan abiertos concomitando con todas las experiencias futuras. Luego, bajo el título de "el juego del poder local", analizaremos el lento proceso de transformación de las lealtades y facciones de las primeras décadas en otras nuevas. Aunque estas todavía no responden a las futuras denominaciones de federales y unitarios, adelantan las tensiones que tendrán los administradores del poder desde la década de 1820. Este asunto lo abordaremos a partir de un conflicto político disfrazado bajo la forma de un asunto de religión, manera muy corriente de manifestar disidencias en aquella época.

Desde la perspectiva elegida, mi aporte pretende sumarse a uno de los postulados de la microhistoria como enfoque que observa "las contradicciones de los sistemas normativos y por lo tanto [se fija] en la fragmentación, contradicciones y pluralidad de puntos de vista que hacen a todos los sistemas fluidos y abiertos".[38]

---

[38]   Véase Levi (1993: 43). Para el caso de argentino, hay que señalar los estudios que en las últimas décadas se han preocupado por la recupe-

Esta elección analítica responde a mi interés por observar las experiencias que durante las primeras décadas del siglo XIX secundaron a la que fue considerada la más exitosa y modélica: me refiero a Buenos Aires. Creo necesario comprender la inexorable complejidad y dinámica de las sociedades y sus procesos para entender cómo se "cierran" –o tal vez, la forma que adoptan– las experiencias políticas que van a "desembocar" en el estado nacional a finales del siglo XIX. En este sentido y para el caso riojano, considero que para entender el gran predicamento que tendrán propuestas como las de Vicente "Chacho" Peñaloza o Felipe Varela, conviene detenerse en las formas de expresión de la política –por ende, de la sociedad– desde el inicio del proceso revolucionario en los espacios que serán los suyos.

1. Ideas, voces y acciones

1.1. Contrarrevolucionarios en Famatina

El curato de Famatina fue uno de los primeros lugares de destierro de los refractarios al sistema. Tal vez porque la jurisdicción ocupaba un lugar secundario en el entramado territorial y porque las minas prometían resolver las dificultades económicas a las que debían hacer frente los nuevos gobiernos, estos últimos tuvieron la idea de convertir el curato en un lugar de confinamiento.[39]

Lo cierto es que los expatriados constituyeron un grupo de gran vitalidad que podría explicarse por algunas de sus

---

ración de una materialidad mínima en la construcción del poder, desde el análisis de las estrategias y prácticas de individuos o pequeños grupos en contextos sociopolíticos cambiantes, lo que permitió complejizar el estudio del proceso de construcción del estado nacional en el siglo XIX. Puede rastrearse un estado de la cuestión en Bragoni (2004).

[39] No se constata que los confinados hayan sido destinados al trabajo en las minas.

características. En primer lugar, por los vínculos anteriores que algunos de ellos tenían no solo con la elite local, sino también con la elite regional. Por otro lado, a partir de las menciones acerca de la circulación de ideas y de libros considerados subversivos al orden, se puede notar el origen letrado de algunos miembros del grupo. Todo esto explica el impacto de este grupo de hombres en las contiendas político-facciosas que vamos a analizar.

Los motivos que explican el envío a Famatina en octubre de 1810 de Manuel José Derqui, padre del futuro presidente de la nación Santiago Derqui, son de índole política. La breve resolución firmada por el entonces gobernador de Córdoba, Juan Martín de Pueyrredón, nos muestra la complejidad del momento histórico y la multiplicidad de facetas de los actores que lo protagonizaban.

En su presentación a la Junta de Gobierno, Pueyrredón comienza develando quién era el personaje. En ese momento, Derqui, pese a ser andaluz, revestía la calidad de teniente coronel de Patricios, grado otorgado por Liniers. Según Pueyrredón, Derqui ocupaba el cargo "sin más méritos conocidos que los del influjo ó la cábala."[40] Luego agregaba que el teniente había manifestado su público encono a la Revolución de 1810, mencionando que su resentimiento no podía ocultarse a pesar de su "estudiado disimulo" y que era un sujeto "de quien hay todo que temer por su viveza". Serían estas evidencias las que lleven a Pueyrredón a decidir su destierro.[41]

Como veremos enseguida, el lugar elegido para castigar a Derqui estuvo relacionado con su calidad social, con las relaciones que había establecido previamente y con las concepciones que sobre el destierro existían en la época,

---

[40]   Archivo General de la Nación, Argentina (AGN), X-23-12, Córdoba, 15 de octubre de 1810.
[41]   Sobre el tema de los españoles contrarios a la revolución, su condición y destino, se recomienda el sugerente trabajo de Fradkin y Ratto (2010).

cuando no era raro que el exilio fuese interno y era menos usual la expatriación. Por eso se determinó "que salga para Famatina, en donde hace algún tiempo tiene entablada labor de minas".[42]

Si bien no sabemos exactamente cuántos eran los hombres que se encontraban desterrados en Famatina, tenemos noticias de algunos de ellos, datos que nos serán suficientes para obtener algunas conclusiones parciales.

En 1813, fueron enviados a ese destino el español Bartolomé Portal, quien permaneció allí dos años (desde el 6 de mayo de 1813 hasta el 8 de agosto de 1815),[43] como así también "seis Españoles Religiosos conversores de aquellas Misiones [se refiere a las existentes en la jurisdicción de La Plata, Alto Perú] por obstinados contra nuestra causa".[44] En 1814, Felipe Cardoso también es desterrado a La Rioja a causa de sus ideas federales artiguistas.[45] Probablemente en la misma época, Eduardo Holmberg, quien revestía funciones militares en el ejército auxiliar del Perú, también fue confinado por Belgrano a Famatina por indisciplina militar.

Por otra parte, a través de una proclama anónima dirigida al teniente gobernador de La Rioja y a los habitantes de Famatina, tenemos noticias de que "el día 6 del que rige [marzo de 1814] llegaron 3 europeos a San Miguel [paraje de Famatina]", quienes se habrían visto con Juan Antonio Ángel[46] y "con el fraile confinado en estos Pueblos", y que

---

[42]   Ídem. Para profundizar en los principios jurídicos que habrían impulsado esta decisión por parte del gobierno, véase Mallo (2004).

[43]   AGN, X- 5-6-5, La Rioja, 8 de agosto de 1815. Oficio del gobernador Francisco Xavier Brizuela y Doria.

[44]   Archivo Histórico Provincia de Córdoba (AHPC), Gobierno, carpeta 35, 27 de noviembre de 1813.

[45]   Sobre la trayectoria de Cardoso ver Fabián Herrero, 2009: 99-103.

[46]   Era español y había sido elegido alcalde de primer voto en 1806. AGN, IX- 30-7-9. Bazán lo nombra en una lisa de españoles "Todos ellos explotaban minas en Famatina y al parecer eran hombres de holgada posición económica" (Bazán, 1979: 228).

luego "solo se han entendido por chasquis y esquelas entre dichos europeos, y Dn Ángel y el fraile hasta que estos últimos dos se personaron en San Miguel a la casa donde estos paraban". Continúa la interesante proclama:

> Advierto ahora que Dn Bernardo Basquez, Dn José Molina, y el otro cuio nombre ignoro Europeos vinieron fraguando algunos medios de venganza contra la Patria; Ello es sierto que habia en Chilecito *entre otros muchos confinados* allí, un coronel que fue del ejercito de Lima, el se ha acompañado con los otros y se han trasportado juntos vociferando que van al Carrizal [en los Llanos], el coronel era conocido por corta orejas, ninguno de ellos ha hecho pie en el Carrizal.[47]

Aunque el *racconto* que hemos hecho no incluye a todos los posibles desterrados, nos advierte sobre la singularidad de este espacio. La llegada de estos foráneos produjo seguramente un importante movimiento en el interior de la comunidad local, ya que, tal como se ha advertido, el exilio no funciona en un solo sentido, "sino que repercute tanto en el exiliado como en los que lo acogen" (Simal, 2011: 79). Los confinados no solo se reúnen a hablar o a informar a la población con la palabra, sino también lo hacen a través de lecturas consideradas peligrosas para el "sistema" americano.

En 1819, el franciscano Fray Fernando Braco actuaba como teniente de cura de la doctrina de Anguinán, Famatina. Con anterioridad, se había desempeñado como profesor en la Universidad de Córdoba, por lo menos hasta 1808, año en que la casa de estudios pasa a manos del clero secular bajo la dirección del presbítero Gregorio Funes.[48] Mencionamos su nombre porque dado el tenor de la denuncia podría tratarse de él. El cura, según se dice,

---

[47]   Archivo del Obispado de La Rioja (AOLR), Libro de Tama, consultado en el Archivo del Arzobispado de Córdoba (AAC), hoja suelta datada en Famatina, 20 de marzo de 1814 (el destacado es mío).

[48]   Ese año de 1808, Braco se encuentra en Buenos Aires por el verano visitando a su madre recientemente viuda. En una carta dirigida a Funes, dice que piensa volver a Córdoba el 24 de febrero a retomar su

mantiene en su poder una obra intitulada Juicio Imparcial escrita en Roma por un Abate italiano, que trata sobre el derecho de propiedad que adquirieron los Reyes de España en las Américas por la conquista, refutando en todo al Ilmo Sr. Fray Bartolomé de las Casas, *sin mas objeto que seducir contra nuestra sagrada causa,* pues asi lo ha dicho con su propia boca. Juzgo prudentemente que para esta operación *se vale del confesionario del modo que lo hacen en el Perú los eclesiásticos que son enemigos de nuestro sistema.* Se evidentemente que algunos de los patriotas de la Rioja que han leído dicha obra han claudicado.[49]

Los datos que tenemos son insuficientes para saber si el fraile al que se refiere la proclama de 1814 es Braco u otro. De todos modos, nos interesa la acusación al cura y a su prédica, como así también la forma en la que esta parece efectivizarse. Estos datos nos hablan a las claras de un foco de resistencia a la Revolución en Famatina, que según la misma proclama, "no hai lugares donde se alle mas aniquilado, y debil el Patriotismo que en estos Pueblos, [...] aun es tan corto el numero de patriotas en estos Pueblos de Famatina".[50]

---

cátedra de Prima "hasta tanto se hagan las oposiciones" (f135); si no hay oposiciones, dice, "tendré que sufrir el detrimento de quedar por algún tiempo cortado de mi avanzada carrera hasta que mi Provincia [se refiere a la jurisdicción de su orden] determine mi colocación". La carta está fechada en Buenos Aires, el 5 de febrero de 1808, y está dirigida a Funes, en su condición de gobernador de Obispado. Archivo de la Universidad de Córdoba (AUNC), Libro 4, f. 135.

[49]   Colección Documental "Mons. Dr. Pablo Cabrera", Sección Americanistas, Biblioteca Central de la Facultad de Filosofía y Humanidades "Elma Kohlmeyer de Estrabou", ex Instituto de Estudios Americanistas, Universidad Nacional de Córdoba (IEA), Doc. N° 10.200. Documento dirigido al Gobierno Central por José Joaquín Castro (el destacado es mío). Muy probablemente el texto mencionado sea: *Juicio imparcial sobre las letras en forma de breve, que ha publicado la Curia Romana, en que se intentan derogar ciertos Edictos del... duque de Parma y disputarle la soberania temporal con este pretexto,* Madrid: en la oficina de D. Joachin de Ibarra, Impresor de Cámara de S. M., 1769. Obra claramente regalista y por ende peligrosa. Debo agradecer este dato a la generosidad y búsqueda de Silvano Benito Moya.

[50]   AOLR, Libro de Tama, consultado en el AAC. Hoja suelta datada en Famatina, 20 de marzo de 1814.

Por todo lo dicho, resulta sorprendente que las autoridades revolucionarias hayan elegido concentrar en Famatina a los refractarios en vez de dispersarlos. Sobre todo porque allí no había una fuerza militar permanente que pudiese controlarlos, y si bien estaban en un lugar alejado, al mismo tiempo era vecino de Guandacol, corredor y paso a Chile.

Los argumentos utilizados por Pueyrredón para el destierro de Derqui estaban en función de los intereses del condenado y nos hablan del lugar que seguían teniendo aquellas ideas que hacían de las jerarquías sociales cuestiones indiscutibles. Pero además podría indicar el mayor peso que las elites regionales tenían localmente respecto de aquellos que conducían la Revolución.[51] Como se recordará, el gobernador había dicho que lo enviaba a Famatina porque hacía algún tiempo había entablado labor en las minas. Reconstruyamos un poco quién era Derqui y cuáles eran sus vínculos con el curato riojano.

Primero recordemos que era andaluz y que en su condena pesó ser "intimo confidente de los reos ejecutados" -se refiere a los refractarios a la Junta revolucionaria de mayo- fusilados en Cabeza de Tigre.[52] Pero además, era sobrino político de uno de los refractarios y ajusticiados, Victorino Rodríguez, ya que estaba casado con su sobrina Ramona Rodríguez. Esta situación era muy común entre los españoles europeos que habían llegado durante el final de la colonia al Río de la Plata. Muchos de los cuales logran mejorar su situación, luego de 1810, gracias a estas circunstancias.[53]

---

[51]   No podemos olvidar que se trata de los primeros confinamientos por cuestiones políticas. Los métodos y las formas de lograr adhesión en los años venideros se irán perfeccionando. Para Buenos Aires, véase Fradkin y Ratto (2010).

[52]   AGN, X-2-3-12, Córdoba, 15 de octubre de 1810.

[53]   Socolow (1978) para Buenos Aires; Punta (1997) para Córdoba; Mata (2005) para Salta.

Los asuntos económicos que mantenía en Famatina lo habían integrado a la casa de los Brizuela y Doria, dueños del vinculado (mayorazgo) de Sañogasta, con quien había tenido estrechos lazos y negocios su difunto tío político Victorino Rodríguez. Así lo había señalado en 1813 el teniente de gobernador riojano Francisco Pantaleón Luna: "La única Familia de Chilecito [se refiere a los Brizuela y Doria], y Rodríguez [se refiere a los Rodríguez de Córdoba], que es una misma, y trae su ascendente antiguo desde el mismo Córdoba".[54]

Pero avancemos un poco más en las redes de Derqui. Según sabemos, también por el gobernador Luna, a principios del siglo XIX Victorino Rodríguez habría utilizado sus influencias sobre el gobernador intendente de Córdoba Juan A. Gutiérrez de la Concha, del que era asesor, para poner "al europeo Dn Manuel Derqui casado con su sobrina carnal suya de comandante de armas de dicho mineral, y desnudó a este Pueblo, unido con dicho Concha, de sus derechos sementales; habiéndose fundado esta República a expectación del famoso Cerro de Famatina, comprendido en su inmediato territorio".[55] De forma tal que Derqui fue expatriado al lugar donde había cumplido funciones administrativas, donde siguió con sus negocios y donde continuó interactuando con sus redes, poniendo en duda el alcance real de su condena.

Digamos para concluir que la concentración de hombres refractarios al sistema en Famatina propició, como era natural, la conformación de un grupo resistente a las

---

[54] Carta de Luna del 19 de junio de 1813. AGN, X-5-6-5. Sobre los vínculos familiares y la conformación de facciones regionales, véase Ayrolo (2011c).

[55] Mensaje dirigido al gobierno de Buenos Aires el 19 de junio de 1813, AGN, X-5-6-5. Rodríguez estaba casado con Felipa Antonia Tagle, riojana. Analizamos parte de estos conflictos vinculados a la Diputación de Minas de Famatina en Ayrolo (en prensa).

ideas de la Revolución.[56] Por eso no sorprende la denuncia que se hace al gobernador en 1814, según la cual "hace un mes poco mas o menos a que se supo con sertidumbre que los europeos confinados en Chilecito, Sarmientos, San Miguel, ya hicieron Junta y se nombraron entre ellos oficiales aprevencion, aguardando solo que decida la accion que se espera en Tucumán a favor de Lima, pa formarse y salir a hacer saqueo".[57]

Así, en un lugar alejado de los centros de decisión aparece reunido un grupo de hombres influyente, culto, de destacados antecedentes sociales, que sin abandonarse a su suerte, habría trabajado en función de sus propios ideales.

La convulsión política que siguió a la disolución del poder central, sumada a que el camino de la independencia no estaba cerrado en todos los lugares de América del Sur en los primeros años de la década de 1820, podrían explicar algunas manifestaciones que fueron consideradas hostiles hacia la Revolución y que esta vez salían de boca de americanos.

Si para algunos la independencia había llegado para quedarse, para otros había que esperar porque podían producirse novedades. Seguramente esto explique las supuestas expresiones del cura Luis Severino de las Cuebas,[58]

---

[56]   Nos referimos, claro está, a las ideas que imperaban en la década 1810, sin desconocer que la Revolución abrirá un abanico de posibilidades y de ideas acerca de cómo debería organizarse la administración de ese estado que daba sus primerísimos pasos.

[57]   AOLR, Libro de Tama, consultado en el AAC. Hoja suelta datada en Famatina, 20 de marzo de 1814. Hay que considerar las recientes derrotas de Vilcapugio y Ayohuma y el significado que tuvieron para el frente altoperuano de la guerra de independencia. Véase Morea (2011).

[58]   Luis Severino de las Cuebas se había ordenado sacerdote en 1809 al amparo del cura párroco de Famatina, Joseph Nicolás Ortiz de Ocampo, quien había solicitado que Cuebas obtuviese las órdenes sagradas a título de ayudante del curato que administraba. Por su parte, Francisco Xavier Nicolás Granillo se estableció en Famatina en 1815 luego de hacer renuncia formal al curato de los Llanos que ocupaba interinamente.

quien en 1821 habría dicho a sus feligreses de Anguinán, Famatina, "que la Patria era una ladrona que solo pretende quitarnos [y] que no ultrajasen, ni maltratasen a los europeos, que luego se había de dar vuelta la hoja, y volviéndose a los europeos les decía que tuvieran paciencia que luego se había de acabar".[59]

Aunque muchos podrían haber opinado como De las Cuebas, su posición y condición lo hacían especialmente peligroso. En 1821, el propio gobernador Nicolás Dávila reconocía y subrayaba esta situación, al decir que Cuebas era "uno de los faccionarios de la anarquía, *su influencia, en el Púlpito, y confesionario estando autorizado, le abren el campo para fomentar un partido que ha obrado tantas desgracias*".[60] La expresión clara de la importancia y el valor especial que cobraba la opinión y la palabra de los sacerdotes para los feligreses marca esa condición liminal y ambigua del sacerdote: útil y peligroso al mismo tiempo.

El clero trasmitía de forma individual o grupal sus mensajes a la feligresía desde el confesionario y el púlpito (Ayrolo, 2009). Desde el púlpito, se explicaba la historia local, se interpretaban los hechos y se legitimaba o denostaba al poder civil.[61] El sacerdote, en estos contextos de agitación y redefinición política, contaba con un arma

---

En su nuevo destino, se incluirá en la facción de los Dávila, a la que pertenecía por su familia y al mismo tiempo que intensificará viejas diferencias que mantenía con los Ocampo. Cabe recordar que Nicolás Dávila era hermano de Francisco Xavier Brizuela y Doria, titular del mayorazgo de Sañogasta. Sobre el mayorazgo, véase Boixados (2001).

[59]   AAC, Leg. 35, t. VI. Declaración de Matías Linares, Chilecito, 22 de febrero de 1821.

[60]   AAC, Leg. 35, t. VI. Carta del gobernador Nicolás Dávila al comisionado del provisor del Obispado de Córdoba, Julián Carmona, 18 de febrero de 1821 (el destacado es mío). Iguales argumentos fueron usados en Buenos Aires frente a la presencia de un cura refractario. Véase Fradkin y Ratto (2010: 55 y 56).

[61]   Como señala Rosalía Baltar, el cura que pronuncia el sermón "genera una posición doble: fortalece su jerarquía, hablando desde el saber,

preciosa, la palabra autorizada –como decía el gobernador Dávila–, la que era utilizada para legitimar a los suyos y legitimarse a sí mismo.

Unos pocos años después, en 1824, el mismo Cuebas reconocía la importancia e interés del sermón, al decir: "Estoy persuadido de la necesidad de la palabra divina en la época presente y [...] *la he sembrado,* haciéndola extensiva a los demás lugares de este curato: no he atendido a la algarabía de las pasiones, sí al bien de estos fieles; y bajo este principio cuente Vuestra Señoría seguramente conmigo, que a pesar de la escasez de mis luces, me empeñaré en regar la viña del Señor".[62]

En los sermones, como se sabe, la palabra divina se mezclaba con las opiniones personales de los curas, cuestión que no era objetada, dado que se los consideraba poseedores de una especial clarividencia para comprender e interpretar la realidad. Pero esta situación cambiará en las primeras décadas del siglo XIX como consecuencia de los movimientos en la política y de la aparición de nuevos actores comunitarios que intervendrán en los escenarios locales compitiendo con la legitimidad de los sacerdotes.[63]

No obstante, en este contexto la aparición en escena de refractarios locales no sorprende, y en todo caso, puede ser producto de ese espacio de expresión de disidencias creado en Famatina por la propia Revolución. Esta particularidad, unida al hecho de haber sido Famatina tierra rica

---

amonesta a los presuntos disidentes y, al mismo tiempo, establece lazos de simetría con los que piensan como él" (Baltar, 2010).

[62]   AAC. Leg. 42, t. I, La Rioja, Famatina, Sarmientos, 26 de abril de 1824.

[63]   En este sentido, la pérdida de algunas atribuciones que detentaron los curas durante siglos en América inició un camino sin retorno hacia la diferenciación de tareas, y luego de esferas de incumbencia entre el poder político y el mundo eclesiástico. Aunque los cambios hayan sido paulatinos, estos son indicadores de que el proceso está en sus inicios. Sobre este asunto, véase Barral (2009), Ayrolo y Barral (2012) y Ayrolo (2012).

y habitación de las familias más importantes y prestigiosas de La Rioja, podría explicar las definiciones que de la región dio posteriormente la historiografía, considerándola lugar de unitarios.[64]

2. El juego del poder local

En noviembre de 1820, Nicolás Dávila se había hecho cargo de la gobernación de la provincia produciendo un nuevo realineamiento de las facciones. Ahora los allegados del recién depuesto Francisco Ortiz de Ocampo debían cuidar sus movimientos, y en lo posible, borrar sus huellas.[65] Como era de rigor, el cambio de gobierno implicó cambios en el personal político que por definición incluía al clero.[66]

En 1821, el nuevo gobernador de La Rioja solicita al provisor del Obispado,[67] que se encontraba en Córdoba, un pedido de remoción De las Cuebas del curato de Anguinán –quien era allegado a los Ortiz de Ocampo–, fundamentando su solicitud en razones de índole política. Estas razones se condimentaron con otras vinculadas a la religión y al

---

[64]   Quisiera llamar la atención sobre una identificación que usualmente se hace entre españoles-centralistas-ilustración (Levita y frac) y unitarismo. Este tipo de filiación nos impide mirar la realidad histórica que es mucho más compleja y menos lineal y nos entrampa en aquel viejo análisis sarmientino que mira el mundo a través de la matriz de la civilización o la barbarie.

[65]   Durante el mes de mayo de 1820, el gobernador Ocampo había sufrido un levantamiento en su contra, que fue reprimido con saña. Luego de este episodio, invadió la provincia el regimiento de cazadores de los Andes que iba rumbo a Salta. Saquearon y destruyeron muchas fortunas particulares, lo que habría, siempre según el historiador Armando Bazán, impulsando a Quiroga a intervenir con unos 80 hombres con quienes depuso a Ocampo e impuso de Nicolás Dávila (Bazán, 1979: 266 y 267).

[66]   Véase Ayrolo (2011c).

[67]   El provisor en ausencia del obispo administra la diócesis. La Rioja era una vicaría foránea dependiente del Obispado de Córdoba.

sacerdocio, tales como denuncias de los fieles sobre incumplimiento de sus funciones y malversación de fondos, con las que se buscaba hacer más convincentes los expedientes y los procesos.[68]

En la sumaria información que el comisionado del provisor levanta en febrero de 1821, varios testigos declaran en contra del cura De las Cuebas. El juez pedáneo de Chilecito (Famatina) dijo contar con muchos datos de su "poco patriotismo" y "de la enemiga (sic) declarada que le tiene al Gobierno".[69]

Por su parte, el capitán de milicias expresó en aquella oportunidad "que le es constante que dicho presbítero *es contrario al sistema del actual gobierno,* por estar muy allegado a los S.S. Ocampo que esto lo sabe por voz pública y fama de todo este vecindario".[70] Subrayamos que en esta declaración se acusa a Cuebas de ser contrario al gobierno de Dávila y se agrega que esta enemistad puede explicarse por la cercanía del cura a la familia de los Ortiz de Ocampo, que como se recordará, acababan de ser desplazados del poder provincial.

Si bien las declaraciones vertidas por los testigos que suponemos fueron cuidadosamente seleccionados dan cuenta de más de un aspecto importante de la vida del cura De las Cuebas, como así también de Famatina, aquí nos interesa rescatar cómo se filia en el expediente el carácter antipatriota del cura con su adscripción facciosa. Así, su

---

[68]   La lista es larga: establecer un nuevo arancel eclesiástico de un real por ataúd, sin autorización; celebrar el oficio de difuntos sin decencia en el vestido; negarse a bautizar y confesar a sus feligreses; retener dinero y bienes de las iglesias del curato, etc. AAC, Leg. 35, t. VI.

[69]   Causa seguida a Luis S. de las Cuebas, sin carátula. Información y cuestionario realizado a pedido del gobernador Nicolás Dávila, por el sacristán mayor de la iglesia matriz de La Rioja, Maestro Nicolás Carmona, comisionado por el gobernador a tal efecto, del 20 al 27 de febrero de 1821. AAC, Leg. 35, t. VI.

[70]   Ibídem, 23 de febrero de 1821, ff. 12 y 12v (el destacado es mío).

"poco patriotismo" parece equivalente a ser "contrario al sistema del actual gobierno". Pero ¿qué significa en 1820 la Patria para estos hombres? No es mi intención discutir aquí este concepto que ha sido muy bien analizado por otros autores, sino más bien llamar la atención sobre su utilización en este contexto.[71]

Como es sabido, la historiografía tradicionalmente ha leído el período que abren los años 1819 y 1820 como aquel de la anarquía y de unas provincias divididas en federales y unitarios. En general, esta lectura de la realidad histórica –hoy superada– desatendía las variaciones que las tendencias político-facciosas presentaban en su interior, dependiendo no solo de los espacios regionales, sino también de la coyuntura.[72]

El episodio de 1820 protagonizado por Dávila y De las Cuebas, uno de los muchos de su género en esa década, nos permite ver la aparición de nuevos referentes que marcan sentidos de pertenencia. Me refiero a la filiación de Patria con "sistema actual de gobierno". Aunque en el conflicto que analizamos persisten las nociones de patriotas y antipatriotas, ligadas directamente a la adhesión o no a la independencia, hacia 1820 comienza a aparecer "sistema de gobierno" como un concepto que acompaña al de Patria y remite a diversas formas de organización del poder político: unitarismo, centralismo, federalismo y confederacionismo.[73] Así, los hombres de la política de las décadas de 1820 en adelante juzgarán como patriota solo

---

[71]   Sobre esta noción, véase Chiaramonte (1991 y 1993), entre muchos otros del mismo autor, y Goldman (2008).

[72]   Me parece interesante señalar aquí que no acuerdo con los análisis que se refieren a la existencia de federales y unitarios como facciones definidas y actuantes desde 1820, como tampoco con aquellos que las invocan para explicar los conflictos de finales del siglo XIX.

[73]   Recordemos que en el ámbito del Río de la Plata, la idea de monarquía había sido descartada para 1820. Sobre estos asuntos, véase Ternavasio (2007), Herrero (2009), Ayrolo (2009) y Goldman (2010), entre otros.

a aquel que esté con su causa, que no es solo vinculación
discursiva y/o representaciones, sino también accionar.
Los sucesos que implicaron clérigos y seglares en luchas facciosas y armadas fueron moneda corriente por
aquellos años. Sobre todo porque todos ellos formaban
parte del mismo grupo, y el alcance de su poder se rela-
cionaba con el de sus funciones. Así, ser militar permitía
el acceso a algunos recursos específicos -especialmente
hombres, armas y caballos-; ser político daba la posibilidad de manejar los resortes de la estructura administrativa
burocrática en servicio de intereses no siempre vinculados
a la Patria; y ser sacerdote -como magníficamente lo había
sintetizado el gobernador Nicolás Dávila- abría "el campo
[...] de su influencia, en el Púlpito, y confesionario",[74] a través
de una voz jerarquizada y legitimada por la propia Iglesia
y por la religión dominante a nada más y nada menos que
la conciencia de los fieles, orientando e influenciando las
conductas de muchos hombres. Todo esto, sin olvidar que
muchos actuaban de manera simultánea en varios de estos
espacios, dado que todavía no se había producido la separación de esferas de incumbencia y la profesionalización
de los oficios.

El fin del gobierno de Dávila tiene varias explicaciones.
La primera es el altísimo grado de conflictividad de la zona.
En San Juan, el regimiento de cazadores del Ejército de los
Andes, sublevado del mando de San Martín, al mando de
Del Corro y Aldao, que debía reunirse con el Ejército Auxiliar
del Perú, hostigaba la zona incursionando en los Llanos
y saqueando el ganado de las haciendas, creando tensión
y reclamos en la zona. Por el otro lado, en Catamarca,
que acababa de declararse independiente de Tucumán,

[74] AAC, Leg. 35, t. VI, carta del gobernador Nicolás Dávila al comisionado del provisor del Obispado de Córdoba, Julián Carmona, el 18 de febrero de 1821.

se reunían hombres armados que respondían a objetivos diversos. Algunos, en apoyo al gobierno saliente que había colaborado con la idea de la República del Tucumán de Aráoz; otros, del sector autonomista catamarqueño; y algunos otros hacían desde allí planes para entrar en La Rioja. Dentro de este grupo, pueden contarse el coronel Francisco Ortiz de Ocampo, quien había sido desplazado del poder por Dávila, y algunos de los que lo apoyaban.

En este clima, otro motivo se sumó para apurar el pedido de reemplazo del cura De las Cuebas. El 26 de febrero de 1821, el gobernador Dávila solicitaba por medio de una carta que se determinara su rápida remoción, dada "la conmoción del Partido de Tinogasta acaudillado por el cura Don Miguel Suárez que se halla en su mayor ardor, y cuyas consecuencias pueden trascender a este territorio".[75] El día anterior, Catamarca estaba amenazada por tropas enviadas desde Salta y Santiago del Estero, que buscaban separarla de Tucumán, como había ocurrido con la provincia gobernada por Ibarra. El temor de Dávila estaba ligado al hecho de que el padre Suárez respondía a la facción autonomista de Nicolás Avellaneda y Tula, Pío Zisneros y José Manuel Figueroa y Cáceres, quienes apoyaban al depuesto gobernador Ortiz de Ocampo, facción a la que pertenecía De las Cuebas.

Todos estos motivos explican que habiendo escuchado a los testigos y considerando que *"siempre que se advierta peligro de perturbación de la tranquilidad pública* se proceda a su remoción con acuerdo de dicho gobierno", el 27 de febrero de 1821, el gobernador Dávila remueve por sí

---

[75]   AAC, Leg. 35, T. VI. Nonogasta, 26 de febrero de 1821. Señalo aquí un detalle que considero interesante, la tropa del padre Suárez, estaba compuesta por 150 indios, dato tomado del *Archivo del Brigadier General Juan Facundo Quiroga*, Tomo II (1821-1822). Documentos para la Historia Argentina, n° 27. Instituto Ravignani. Buenos Aires, Universidad de Buenos Aires, Facultad de Filosofía y Letras, 1961, p. 21.

a De las Cuebas de su cargo, y "en esta atención se provee de cura y vicario de Anguinán [Famatina] en la persona del Presbítero Francisco Xavier Nicolás Granillo"[76] este último, aliado de los Dávila.

La confianza que fue adquiriendo Dávila en su gobierno lo llevó a pergeñar una sublevación contra Facundo Quiroga, quien crecía en poder y prestigio. El levantamiento fue protagonizado por el hermano del gobernador, Miguel Dávila, en marzo de 1823. Sin embargo, el fracaso de la intentona se debió a que un subalterno de Quiroga, el coronel Juan Ángel Moreno, frustró el intento de los Dávila habilitando a su vez la destitución del gobernador. En este contexto, Juan Facundo Quiroga es elegido como nuevo jefe de la provincia, aunque permanece en el puesto solo cuatro meses y es reemplazado por Baltasar Agüero.[77]

Aparentemente, en el mes de abril, el gobernador Agüero habría relevado de su cargo al cura Granillo -suponemos que por estar vinculado a los Dávila-, pero luego de un interrogatorio que el propio Granillo promueve entre los vecinos, es restituido. Como respuesta a la vuelta del cura a Famatina, una cincuentena de vecinos redacta un documento pidiendo dejar sin efecto la medida e impedir el regreso del cura.

Pero mientras este expediente prospera, Granillo parece jugar una carta inesperada, iniciando un "proceso inquisitorial" a un grupo que sindica como hereje y que curiosamente son allegados a los Ocampo. Nos detendremos a continuación en el análisis de estos sucesos que marcan los tiempos y la modalidad de la política.

---

[76]   AAC, Leg. 35, t. VI, 27 de febrero de 1821, ff. 14. V (el destacado es del original).

[77]   Agüero se había desempeñado como tesorero de la Caja de La Rioja en 1819 (Bazán, 1979: 258).

2.1. Cambio de roles

En octubre de 1823, el cura Granillo fue cuestionado por "intrigar contra la administración de la Provincia" y porque se consideraba que "no solo ha ofendido a la administración con su oposición de opinión, sino también a la comunidad, *al haber intentado conmover las bases de su tranquilidad*".[78] Ante las acusaciones, el clérigo también tuvo algo que decir. En primer lugar, a fin de asegurar su buen nombre y honor promovió un cuestionario sobre su conducta entre dieciséis vecinos de Famatina. En él se puede observar que todos los encuestados eran allegados a Granillo y tenían apellidos vinculados al bando de los Dávila. El cuestionario constaba de diez preguntas; la mayoría de ellas, ligadas a su desempeño ministerial y su moral. La primera pregunta decía, por ejemplo: "Digan, si han observado en mi conducta algún escándalo o mal ejemplo". Los dieciséis responden que no, al igual que lo hacen respecto de la cuarta pregunta: "Digan: si han conocido en mí pasión, rivalidad o enemistad con alguna, ó algunas personas de mi curato". Pero como hemos señalado, los acólitos de Granillo no son los únicos en expresarse.

La facción de los Ocampo también dejó oír su voz a través de un interesante escrito firmado por cincuenta vecinos.[79] Según este documento, que no está fechado pero que por su contexto podría ser de 1823 o 1824, debido a las aguas revueltas de Famatina, Granillo habría huido a su estancia de Copacabana –partido de Famatina–, donde

---

[78]   AAC, Leg. 40, t. I (el destacado es mío).
[79]   Es curioso constatar entre las firmas de los vecinos nombres como Del Moral o Castro, quienes en teoría eran aliados de los Dávila, por ende, de Granillo. Esto podría explicarse teniendo en cuenta la versatilidad de la composición de los grupos que ya hemos mencionado.

con ayuda del cura Barra[80] –uno de sus ayudantes– habría ido forjando "Planes de conspiración".[81]

Las acusaciones se refieren a su comportamiento político, pero no dejan de destacar su descuido para los fieles, atacando de esta manera su legitimidad y las bases de su esfera de acción. Por ello, finalmente se informa que su restitución al curato habría producido "una consternación igual a la que produce una catástrofe de la naturaleza", y agregaban luego:

> En seguida [Granillo] quiso persuadir que su causa hera de Religion, que el celo por esta lo habia echo odioso ante sus gefes y que por el cumplimiento de sus deveres en el ministerio de Parroco, habia puesto en riesgo su existencia [...] Léanse sus libelos (llamados pastorales) y quedará probado que desde que quiso acriminar la conducta de las autoridades, él trato de sublevar a la Provincia.[82]

Las expresiones de los vecinos ponen de relieve el perfil de los clérigos de aquel entonces: hombres públicos, políticos y funcionarios de la religión católica (Ayrolo, 2007 y 2012). Pero además, la argumentación revela cómo se

---

[80]   Melchor León de Barra había llegado desde La Paz, Alto Perú, y actuaba como ayudante en Famatina. Según un expediente del fondo Inquisición, él también tuvo problemas en 1824. AAC, Leg. 18.

[81]   AAC, Leg. 35, t. VI, carta de 46 vecinos de Famatina dirigida en 1823 al gobernador del Obispado, s/f. También Armando Bazán señala otro "supuesto" ataque preparado desde Catamarca, pero por la facción contraria. Según este historiador, en 1821 Ocampo, acorralado, se fuga a Catamarca desde donde planea una frustrada invasión a la Rioja para recuperar el poder (Bazán, 1979: 268). Por lo tanto podríamos pensar que Catamarca se presenta como un espacio interligado a La Rioja desde el punto de vista de las redes relacionales.

[82]   Ibídem. Respecto del final del conflicto, digamos que Nicolás Dávila fue finalmente puesto en la gobernación riojana luego de que una partida del regimiento de cazadores de los Andes al mando de Corro sitiara la ciudad de La Rioja durante 20 días, depusiese a Ocampo, y lo reemplazase por Dávila con el acuerdo de varios gobernadores. Fuente de: AAC, Leg. 35, t. VI, carta de 46 vecinos.

entrelazan los diversos niveles de acción y pertenencia de los curas mostrando las ambigüedades que dificultaban la definición de perfiles netos.[83]

La extensa carta de los vecinos de Famatina tiene varios condimentos interesantes vinculados a lo que consideran sus derechos en tanto feligreses y ciudadanos. Gracias a sus dichos, podemos evaluar el impacto que algunas ideas impuestas por la Revolución tuvieron en parajes aparentemente aislados como Famatina, cotejando lo que mencionábamos al inicio acerca de cómo permean las nuevas ideas y su lenguaje, los espacios de administración del poder.

Según los vecinos, "el presbítero Granillo nunca puede ser elevado a esta dignidad [se refieren a la de párroco] en el entretanto no reúna la opinión publica"; y continúan luego con más énfasis: "Si es evidente que en lo civil y político, debe consultarse la voluntad general para el nombramiento de los magistrados, *es con doble razón, que en la moral debe explorarse esta voluntad, pues que la tendencia de este ministerio ocupa esencialmente los primeros sentimientos del hombre hasta profundizar el objeto de las acciones publicas y privadas del ciudadano".* [84]

Los vecinos de Famatina adoptaron el discurso revolucionario leyendo a través de él sus conflictos locales. Las ideas expresadas por los autores de la carta, quienes parecen adherir a la facción de los Ocampo, se cruzan a la perfección con las acusaciones que realiza, contemporáneamente, Granillo. En un cuestionario fechado en Higuerillas el 1° de diciembre de 1823 y enviado a Córdoba para ser considerado por la Inquisición (institución que había sido abolida por la Asamblea del año XIII pero que seguía recibiendo pleitos con esa carátula, por lo menos

---

[83] Sobre este asunto, me explayé en Ayrolo (2011d).
[84] AAC, Leg. 35, t. VI, carta de 46 vecinos de Famatina dirigida en 1823 al gobernador del Obispado, s/f. (el destacado es mío).

hasta finales de la década de 1820), el cura depuesto acusaba a sus opositores con argumentos que también referían a lealtades políticas.

Antes de analizar ese jugoso documento, debemos recordar al lector que Granillo, según un padrón de 1806, tenía su casa de habitación en Higuerillas, donde vivía con tres esclavos y nueve agregados en dominios de una hacienda capellanánica a nombre del presbítero Manuel Argañaraz.[85] Esto convierte en sospechosas las quejas de los vecinos en cuanto al abandono del curato por parte de Granillo y su posterior instalación en Catamarca. Por otro lado, el hecho de que el documento esté rubricado solo por los declarantes y la signatura del cura no esté luego de cada declaración podría indicar que la información fue levantada por una tercera persona.

Pero ¿cómo se establece la conexión entre los reclamos de los vecinos de Famatina y el proceso inquisitorial de Granillo? De nuevo, las personas implicadas son la clave que permite entender el conflicto político. Relatemos brevemente el asunto. Según dice Granillo, tiene datos seguros de que en Famatina, "ciertos hombres de esta feligresía olvidados de la fe que profesamos y protestamos defender en el bautismo que recibieron, se profieren publica y privadamente no sólo contra uno si también contra todos los dogmas y principales bases de Nuestra Santa Inmaculada, única y verdadera religión Católica Apostólica Romana".[86]

Todas las declaraciones de los testigos, muchos de ellos vinculados por sus cargos con las minas de Famatina, coinciden en que saben que "Don Inocencio Moreno comandante de armas del partido tiene consigo y Don Romualdo

---

[85]   AAC, Leg. 20, t. II, "Padrón de del curato de Santa Rosa de Anguinán, Famatina, La Rioja", 1806.

[86]   AAC, Leg. 18, proceso caratulado como "Invasión de malos libros en Famatina".

Moreno, varios libros prohibidos, que los leen y publican sus doctrinas erroneas, como son los de Rosó [sic] y otros".[87] Según las declaraciones, los textos circulan en manos de los Moreno, de "Manuel Alfaro uno de los más pervertidos",[88] de Simón Herrera, "y otros que frecuentemente *concurren a la tertulia del corifeo, que es Don Romualdo Moreno*".[89] No obstante repetirse los nombres, llama nuestra atención la denuncia de Rafael de la Rosa, residente en los Sarmientos, partido de Famatina, quien señala "que ha oido decir generalmente que Dn Romualdo Moreno, Dn Inocencio Moreno, Dn Simón Herrera, Dn Manuel Dávila, Dn Manuel Alfaro y los Ocampo de la Puntilla [se refiere a un paraje del curato] tienen en su poder y leen libros que tratan contra la religión, cuyos títulos ignora y solo se acuerda de uno que se llama Rosó [sic]".[90]

Sabemos que no solo el puerto de Buenos Aires era lugar de ingreso de material prohibido o considerado perjudicial. Otros caminos también servían de vías de comunicación y acceso a la información, sobre todo en un mundo social que no por carecer de medios modernos de transporte

---

[87]   Testimonio de don José de San Román, ministro tesorero de la caja de rescates de Famatina. AAC, Leg. 18, *op. cit.*

[88]   Testimonio de don Juan Larraona, capitán de milicias y juez pedáneo. Cabe señalar que en 1813 Alfaro y Herrera estuvieron presos bajo los cargos de deserción al Ejército Auxiliar del Perú. AGN, 5-6-5.

[89]   Según declaración de don Ramón Antonio Reinoso, "vecino de honor y providad residente en San Miguel" (partido de Famatina). Los libros citados como en posesión de los Moreno y sus acólitos son: Rousseau ("Rosó"), la Palmira (podría referirse a *Las ruinas de la Palmira* de Volney o bien a *La Princesa de Palmira,* "romance así intitulado en dos partes por referirse en él un milagro destituidos de las reglas y caracteres que pide la sabia y verdadera crítica en materia de milagros"; este libro figura como número 35 en la nómina de los prohibidos por la Inquisición en 1804. AGN, Sala VII, 2637, impreso), "Bolter y otros" (el destacado es mío).

[90]   Testimonio de don Rafael de la Rosa, residente en los Sarmientos (Famatina) (el destacado es mío). Vale la pena mencionar que más adelante De la Rosa señala la poca asiduidad con que Amaranto Ocampo va a la iglesia, identificando así al sexto hijo de los Ortiz de Ocampo.

estaba poco comunicado. Evidentemente, los libros entraban en las Provincias Unidas de la mano de lugareños, a los que en otro lugar denominamos "itinerantes",[91] pero también gracias a algunos extranjeros que, por motivos diversos, recorrieron las provincias llevando con ellos libros, noticias de periódicos, gacetillas, libelos y también información que trasmitían oralmente.

En este caso, nos encontramos con una denuncia que no solo informa sobre la posesión de libros, sino también nos habla de la existencia de una tertulia de discusión cuya dinámica parece incluir la lectura de textos políticos. Si consideramos la información que tenemos acerca de Famatina como destino de exiliados políticos, como hemos mencionado al principio de este trabajo, estas reuniones no resultan extrañas y, en cambio, llaman nuestra atención sobre una situación que parece más habitual de lo esperado. Esto nos hablaría de la difusión y profusión de las ideas en todos los espacios de las Provincias Unidas, y no solo en Buenos Aires y las ciudades más importantes.[92]

Volviendo al asunto que nos ocupa, la denuncia incluye la mención a los Ocampo indicando el buen sentido de nuestras sospechas. En la Puntilla, según un padrón de 1806, vivían en casas separadas los hermanos Juan Amaranto y Mariana Ortiz de Ocampo, pero además allí tenía su casa Francisco Pantalón Luna, quien fuera, como ya dijimos,

---

[91]   Me referí a estas cuestiones de manera tangencial en Ayrolo (2007).

[92]   Casos similares fueron citados para San Juan. Hacia 1800, un médico inglés avecinado en San Juan habría difundido libros "perjudiciales para la religión", e incluso habría auspiciado reuniones de corte masónico (Di Stefano, 2010: 64-68). Por su parte, Sarmiento comenta en *Recuerdos de provincia* con respecto al cura José Castro, a finales del siglo XVIII y principios del XIX: "Estas pláticas doctrinales, en que sucesivamente tenía por auditorio la población entera de la ciudad, tienen un carácter tal de filosofía, que me hacen sospechar que aquel santo varón conocía su siglo XVIII, su Rousseau, su Feijóo, y sus filósofos, tanto como el Evangelio" (citado por Baltar, 2010).

teniente gobernador de La Rioja entre 1812 y 1814, y que era sobrino de los Ortiz de Ocampo.[93] Así, es muy factible que el proceso que se les inicia a estos hombres acusados de herejía, cuyo final desconocemos, haya servido sobre todo para contrarrestar las declaraciones vertidas por los vecinos descontentos a causa de la reposición de Granillo a la sede parroquial de Famatina.

Finalmente, sabemos que los vecinos fueron escuchados y Luis Severino de las Cuebas volvió a ocupar la parroquia. Entre los argumentos vertidos por los partidarios del restablecimiento de De las Cuebas, figuraba el siguiente: "Todo el mundo sabe que este hombre, y virtuoso eclesiástico *ha formado su carrera en este curato,* y que su merito lo ha labrado en su ministerio".[94] Observamos que esta consideración de la localidad como mérito no era un atributo que solo poseía el cura De las Cuebas, sino que era más bien un argumento para defender uno de los puntos de vista que estaban en juego: la identificación entre localidad, patria y causa. Estos argumentos no fueron utilizados dos años antes cuando contrariamente se habló de De las Cuebas como contrario a la Patria. Por lo tanto, este caso confirmaría los continuos corrimientos políticos de los actores y la casi imposibilidad de definirlos con claridad en una facción, por lo menos en estas primeras décadas del siglo XIX.

3. Conclusiones

Norbet Elias, en su libro *El proceso de civilización,* explica magníficamente lo que él mismo define como la

---

[93]   AAC, Leg. 20, t. II, "Padrón de del curato de Santa Rosa de Anguinán, Famatina, La Rioja", 1806.
[94]   AAC, Leg. 42, t. I, 1823 (el destacado es mío).

sociogénesis de la civilización occidental. En su análisis, llama la atención sobre la interdependencia que tienen todos los integrantes de una sociedad durante el proceso de centralización que desemboca en la creación del estado. En sus palabras, para comprender las constelaciones peculiares de interdependencia generadas durante este proceso, hay que entender

> un rasgo especial de las relaciones humanas que se muestra cada vez de modo más destacado en la creciente división de funciones en la sociedad: se trata de su ambivalencia abierta o latente. En las relaciones entre las personas individuales en especial, al igual que entre las distintas clases funcionales, se muestra una ambigüedad específica o, incluso, una multiplicidad de intereses de modo tanto más claro cuanto más amplia y más compleja es la red de interdependencias en la que se halla imbricada una existencia social individual o toda una clase funcional. En esta situación todos los seres humanos, todos los grupos, todos los estamentos o todas las clases están en una situación de mutua dependencia: son amigos, aliados, o socios potenciales; y, al mismo tiempo, son emuladores, competidores o enemigos también potenciales. (Elias, 1993: 397 y 398).

Así Elias describe ese período previo a la consolidación del estado, etapa que nosotros elegimos denominar transición. En este trabajo pudimos observar, a través de las ideas, voces y acciones, las tensiones, contradicciones, pero también las soluciones que se consiguieron en las primeras décadas del siglo XIX espejando la lógica general de las Provincias Unidas.

En este sentido, observamos la forma en que se fueron resolviendo algunas de las dificultades que aparecieron para estos hombres que se estrenaban en la política. Enviar a Derqui y al resto de los presos políticos a Famatina es un ejemplo válido que muestra uno de esos desenlaces posibles. Pero, como vimos, una cuestión era intentar marginar de la escena política a un actor particular, y otra diferente resultó lograr el control sobre la circulación de ideas. El ejemplo de Famatina muestra que siempre hubo hendiduras por donde se colaron ideas. Por lo tanto, no podríamos pensar que existieron lugares marginales al proceso revolucionario. Las nuevas ideas se difundían aun en los parajes más inhóspitos, e incluso, aunque su lectura estuviese limitada a un grupo, llegaban, se discutían, se iban instalando lentamente y modificando el sustrato ideológico colonial.

Todo este movimiento fue produciendo durante las primeras décadas del siglo XIX un paulatino proceso de transformación y realineación de lealtades y facciones adelantando las tensiones que tendrán que asumir y gerentear los administradores del poder desde la década de 1820 en adelante. En este punto, observamos cómo un conflicto político se convirtió en un asunto de religión, develando una de las formas más usuales de manifestar disidencias en aquella época y, por otro lado, mostrando una de las pervivencias más notables, la de esos mundos imbricados: sociedad, política, religión y, por qué no, economía.

En un escenario como el elegido, donde el clero sigue siendo –y lo será por mucho tiempo– mediador incuestionado, su voz puede modificar posiciones en el interior de los campos de fuerza política. Claramente los curas no son mediadores comunes. Tienen un plus que les está dado por su propia investidura y por la posibilidad que hábilmente utilizó Granillo cuando inició el expediente en contra de aquellos que sindicó de herejes. Los clérigos poseían entre sus atributos un "saber" especial y la capacidad de interpretar con "justicia" las conductas humanas. Su conexión con "lo sobrenatural" los autorizaba a interpretar conductas y a instituir e interpretar la moral.

Por último, habría que dejar abiertos varios interrogantes acerca de cómo impactará la transición política en el proceso de construcción de identidades locales y supraprovinciales. Si bien es cierto que la llegada de nuevas ideas irá socavando lentamente las ideas preexistentes, no debemos dejar de considerar la manera en que estaba estructurada la sociedad riojana y cómo jugaban en ella instituciones del peso y la importancia de las Casas. Creemos que para entender los movimientos políticos que se darán en la zona, protagonizados por montoneras y caudillos, se hace imprescindible no perder de vista la base social de esta comunidad riojana (Ayrolo y Míguez, 2012). Su substrato y su imaginario corporativo convivieron con nuevas formas de relación social, consecuencia de las lentas pero sostenidas modificaciones en la estructura económica. Así, viejas y nuevas lealtades se intercambiarán y se entrelazarán con las necesidades de medios de subsistencia, una cuestión endémica en la zona.

Sin ánimo de cerrar aquí la reflexión –sino todo lo contrario–, me pregunto si la respuesta a las dificultades en la concreción y sujeción de espacios como el riojano al estado nacional no debería buscarse también en los inconvenientes que hubo para desarticular esas solidaridades y dependencias tejidas y anudadas durante siglos en La Rioja.

Bibliografía

Ayrolo, Valentina (2007a), "Los caminos de las noticias en la sociabilidad cordobesa. Libros, bibliotecas y saberes entre la colonia y la independencia", en Baltar, Rosalía y Hudson, Carlos (comps.), *Figuraciones del siglo XIX. Libros, escenarios y miradas,* Mar del Plata, Finisterre-UNMDP, pp. 17-38.

Ayrolo, Valentina (2007b), "La construcción de un sistema político alternativo. Córdoba durante el gobierno de Juan Bautista Bustos, 1820-1829", en Peire, Jaime (comp.), *Actores, representaciones e imaginarios, nuevas perspectivas en la historia política de América Latina: Homenaje a Francois Xavier Guerra,* Buenos Aires, Editorial Universidad Nacional de Tres de Febrero, pp. 197-218.

Ayrolo, Valentina (2009), "El sermón como instrumento de intermediación cultural. Sermones del federalismo cordobés, 1815-1852", *Nuevo Mundo Mundos Nuevos.* Disponible en línea: http://nuevomundo.revues.org/index57521.html.

Ayrolo, Valentina (2011a), "Hacia el final de la hegemonía de la Casas. La Rioja, entre 1812 y 1823", Actas de las IV Jornadas sobre el siglo XIX, "Las Provincias en la Nación", grupo de investigación "Problemas y debates del siglo XIX", Mar del Plata, 19 y 20 de abril.

Ayrolo, Valentina (2011b), "La familia de Chilecito. Las estrategias del poder local en épocas de transición política. La Rioja, 1812-1816", Actas del VIII Congreso Internacional de Etnohistoria, "La Etnohistoria más allá de las etnias", Sucre, Bolivia, 26, 27, 28 y 29 de junio.

Ayrolo, Valentina (2011c), "La ciudad cooptada. Refractarios y revolucionarios en Córdoba del Tucumán (1810-1816)", *Anuario IEHS,* núm. 26, Tandil, IEHS.

Ayrolo, Valentina (2011d), "La carrera política del clero. Aproximación al perfil político-clerical de algunos hombres del XIX. El caso de los de Córdoba", *PolHis. Boletín bibliográfico electrónico del programa Buenos Aires de historia política,* núm. 7, primer semestre. Disponible en línea: http://historiapolitica.com/datos/boletin/polhis7_ayrolo.pdf.

Ayrolo, Valentina (2012), "El clero rioplatense en contextos de secularización", en Ayrolo, Valentina; Barral, María Elena y Di Stefano, Roberto (coords.), *Catolicismo y secularización. Argentina en la primera mitad del siglo XIX.* Buenos Aires, Biblos, pp. 17-37.

Ayrolo, Valentina (en prensa), "'El sabor a soberanos'. La experiencia de la diputación territorial de minas como espacio local de poder. Famatina, La Rioja del Tucumán, 1812", *Secuencia,* núm. 86, mayo-agosto, México, Instituto Mora.

Ayrolo, Valentina y Barral, María Elena (2012), "El clero rural, sus formas de intervención social y su politización (las diócesis de Buenos Aires y Córdoba en la primera mitad del siglo XIX)", *Anuario de Estudios Americanos,* núm. 1.

Ayrolo, Valentina y Míguez, Eduardo J. (2012), "Reconstruction of the Socio-Political Order after Independence in Latin America. A Reconsideration of Caudillo Politics in the River Plate", *Jahrbuch für Geschichte Lateinamerikas,* núm. 49.

Baltar, Rosalía (2010), "Los sermones de la revolución y la reconquista de la autoridad", *Cuadernos del Sur,* Fascículo LETRAS, núm. 40, Bahía Blanca, Universidad Nacional del Sur.

Barba, Enrique (1982 [1972]), *Unitarismo, federalismo, rosismo,* Buenos Aires, CEAL.

Barral, María E. (2009), "De mediadores componedores a intermediarios banderizos: el clero rural de Buenos Aires y la 'paz común' en las primeras décadas del siglo XIX", *Anuario IEHS,* núm. 23, Tandil, pp. 151-174.

Bazán, Armando (1979), *Historia de La Rioja,* Buenos Aires, Plus Ultra.

Boixados, Roxana (2001), "Familia, herencia e identidad. Las estrategias de reproducción de la elite en la Rioja colonial (Gobernación del Tucumán, siglo VII y principios del XVIII)", *Revista de Demografía Histórica,* XIX, II, segunda época, pp. 147-181.

Boixados, Roxana (2005), "No ha tenido hijo que más se le parezca así en la cara como en su buen proceder. Una aproximación al problema del mestizaje y la bastardía en la Rioja colonial", *Memoria americana,* núm. 13, pp. 83-115.

Bragoni, Beatriz (2004), *Microanálisis. Ensayos de histo-riografía argentina,* Buenos Aires, Prometeo Libros.

Chiaramonte, José Carlos (1991), *El mito de los orígenes en la historiografía latinoamericana,* Buenos Aires, Instituto de Historia Argentina y Americana Dr. Emilio Ravignani, Facultad de Filosofía y Letras, Universidad de Buenos Aires.

Chiaramonte, José Carlos (1993), "El federalismo argentino en la primera mitad del siglo XIX", en Carmagnani, Marcello (coord.), *Federalismos latinoamericanos: México, Brasil y Argentina,* México, Fondo de Cultura Económica, pp. 81-132.

Di Stefano, Roberto (2010), *Ojevas negras,* Buenos Aires, Sudamericana.

Elias, Norbert (1993 [1977]), *El proceso de civilización,* Buenos Aires, Fondo de Cultura Económica.

Fradkin, Raúl y Ratto, Silvia (2010), "¿Qué hacer con los prisioneros españoles? La construcción del 'enemigo' y las formas de dejar de serlo. Buenos Aires, 1817-1819", en Barriera, Darío (coord.), *La Justicia y las formas de la autoridad. Organización política y justicias locales en territorios de frontera. El Río de la Plata, Córdoba, Cuyo y Tucumán, siglos XVIII-XIX,* Rosario, ISHIR CONICET-Red Columnaria, pp. 45-82.

Goldman, Noemí (1993), "Legalidad y legitimidad en el caudillismo. Juan Facundo Quiroga y La Rioja en el interior rioplatense (1810-1835)", *Boletín del Instituto de Historia Argentina y Americana Dr. Emilio Ravignani,* 3ª serie, núm. 7, pp. 31-58.

Goldman, Noemí (ed.) (2008), *Lenguaje y revolución. Conceptos políticos clave en el Río de la Plata, 1780-1850,* Buenos Aires, Prometeo.

Goldman, Noemí (2010), *¡El pueblo quiere saber de qué se trata! Historia oculta de la revolución de mayo*, Buenos Aires, Sudamericana.

Guerra, François-Xavier (2003), "De la política antigua a la política moderna: algunas proposiciones", *Anuario IHES*, núm. 18, Tandil, IEHS, pp. 201-212.

Halperin Donghi, Tulio (1972), *Revolución y guerra*, Buenos Aires, Siglo XXI.

Herrero, Fabián (2009), *Federalistas de Buenos Aires, 1810-1820*, Buenos Aires, Universidad Nacional de Lanús.

Levi, Giovanni (1993), *Sobre microhistoria*, Buenos Aires, Biblos.

Mallo, Silvia (2004), *La sociedad rioplatense ante la justicia. La transición del siglo XVIII al XIX*, La Plata, Archivo Histórico de la Provincia de Buenos Aires.

Mata, Sara E. (2005), *Tierra y poder en Salta*, Salta, CEPIHA-Universidad Nacional de Salta.

Morea, Alejandro (2011), "La configuración de una región político-militar: el Ejército Auxiliar del Perú y su rol como garante del orden interno, 1816-1820", inédito.

Paz, Gustavo (2003), "El gobierno de los 'conspicuos': familia y poder en Jujuy, 1853-1875", en Sábato, Hilda y Lettieri, Alberto (comps.), *La vida política en la Argentina del siglo XIX*, Buenos Aires, Fondo de Cultura Económica, pp. 223-242.

Punta, Ana Inés (1997), *Córdoba borbónica*, Córdoba, Ferreyra.

Simal, Juan Luis (2011), "El exilio: un fenómeno global entre la revolución y la contrarrevolución, 1814-1834", *Avances del CESOR*, año VIII, núm. 8, pp. 63-79.

Socolow, Susan (1978), *Los mercaderes del Buenos Aires virreinal. Familia y comercio*, Buenos Aires, Ediciones de la Flor.

Ternavasio, Marcela (2007), *Gobernar la Revolución. Poderes en disputa en el Río de la Plata, 1810-1816*, Buenos Aires, Sudamericana.

LAS COFRADÍAS COMO ZONA DE CONTACTO. DIÓCESIS DE CÓRDOBA, FINES DEL SIGLO XVIII Y PRINCIPIOS DEL XIX[95]

María Laura Mazzoni

Las cofradías eran asociaciones religiosas laicas cuya función principal era la ayuda mutua de sus miembros. Había cofradías cuyos miembros compartían la misma ocupación profesional; las había piadosas, con una función más religiosa que social, con fines benefactores, compuestas por individuos de la misma clase o por un mismo grupo étnico. Existían también las hermandades[96] recreativas y religioso-políticas.[97] En todos los casos, la asistencia a los hombres y las almas de los difuntos era su objetivo básico.

Si bien el tema de las cofradías resulta importante para la compresión de múltiples fenómenos sociales y políticos, cuestión central de este capítulo, no ha sido tratado por la historiografía argentina de manera profusa. Para otros espacios, como el novohispano o el ibérico,[98] la historia de estas asociaciones religiosas o gremiales ha tenido un desarrollo más completo. No obstante, contamos con algunos estudios de caso para el ámbito rioplatense que hay que tener en cuenta a la hora de analizar estas instituciones.[99]

---

[95] Este capítulo fue presentado en una reunión de discusión del grupo RELIGIO en el Instituto Ravignani de la Facultad de Filosofía y Letras de la UBA. Agradezco los comentarios y la exhaustiva lectura que en el marco de esa reunión realizó la Dra. Alicia Fraschina sobre este trabajo.

[96] Tomaremos aquí el término *hermandad* como sinónimo de cofradía tal como lo plantea Miguel Rosal (2009: 167).

[97] La clasificación pertenece a López Muñoz en Martínez López-Cano *et al.* (1998: 40).

[98] Algunos ejemplos para el caso mexicano y español son: Martínez López-Cano et al. (1998), Arias de Saavedra Alias y López-Guadalupe Muñoz (1994 y 2002).

[99] Por citar solo algunos ejemplos: Fasani (1997), Zanolli (2008), Estruch (2009).

Especialmente prestamos atención a aquellos trabajos que han observado las cofradías como un ámbito donde se forjan aspectos de la identidad local de una comunidad, como los de Patricia Fogelman (2000),[100] Gabriela Caretta e Isabel Zacca (2011)[101] y Miguel Ángel Rosal (2008 y 2009),[102] que desde el análisis de diversas cofradías en momentos y espacios diferentes, han destacado su constitución en tanto ámbitos de sociabilidad y socialización y de definición identitaria. Entre otros elementos, se han centrado en el apoyo material y la solidaridad entre sus miembros, en la conformación de alianzas y la participación de grupos étnicos y sociales diversos. En este sentido, Rodolfo Aguirre sostiene que "las formas o los modos en que la gente vivía la religión nos muestran también mucho de sus propias formas de sociabilidad" (Aguirre, 2010: 146).

Este capítulo, tributario de estas visiones, abordará las prácticas que se configuraron en el marco de las cofradías en el Obispado de Córdoba. En otro trabajo hemos observado cómo las prácticas religiosas, que en cada localidad estaban

---

[100]   Esta autora se ha centrado en algunas cofradías dedicadas a advocaciones de la Virgen María en el ámbito urbano y rural de Buenos Aires, preocupándose por el auge de la devoción mariana surgida al calor de la Contrarreforma de la Iglesia católica.

[101]   Gabriela Caretta e Isabel Zacca estudiaron la lógica de elección y organización de las autoridades en la Cofradía de Benditas Ánimas de la Parroquia de San Antonio de Humahuaca, en el espacio sur-andino, en el siglo XVIII, y postulan que este proceso eleccionario y la participación de los pueblos de indios en la institución cofradil "se instituyeron, en el plano simbólico, en íconos que nutrieron la identidad grupal del pueblo de indios" (Caretta-Zacca, 2011: 58).

[102]   En cuanto a las asociaciones étnicas, si bien son pocos los trabajos dedicados a las cofradías de negros, uno de los historiadores que más aportes ha realizado al respecto es Miguel Ángel Rosal (2008 y 2009), quien sostiene que "las cofradías [...] eran esencialmente asociaciones religiosas laicas que tenían como objetivo primordial la ayuda mutua entre sus miembros [...], si bien existieron motivaciones complementarias, al utilizarlas como espacios de socialización, en búsqueda de una identidad" (Rosal, 2008; 2009: 167).

relacionadas con la propia historia de la comunidad y su gente,[103] se caracterizaban por la teatralidad y la exteriorización, y estaban vinculadas, a su vez, a prácticas comunes al espacio alto peruano-americano (Mazzoni, 2011). En este caso, el estudio de las prácticas locales de religiosidad nos lleva a preguntarnos sobre otros aspectos identitarios del espacio diocesano analizado. Ya que entendemos que la religión y los rasgos locales relacionados a la liturgia y las ceremonias católicas son un componente fundamental de la identidad regional.

Nos proponemos, en suma, estudiar los elementos de esa identidad cultural, católica, entre los que sin duda se cuentan las muestras de religiosidad a través del estudio de las prácticas cofrades en la diócesis cordobesa entre la colonia y la posrevolución. Postulamos que las cofradías formaron parte de prácticas de religiosidad y de configuraciones locales que fueron constitutivas de la identidad cultural de dicho espacio.

Respecto del caso cordobés, Ana María Martínez de Sánchez (2006) analizó las cofradías en la Córdoba colonial, interesada sobre todo en sus aspectos piadosos. La autora sostiene que éstas actuaban como una corporación laica en cuanto a su constitución, pero religiosa en cuanto a sus fines expresos. De hecho, las cofradías y obras pías marcaron a su entender las prácticas de religiosidad en el espacio cordobés, ya que "la experiencia religiosa contribuyó a definir no sólo la cosmovisión de los cordobeses, sino también a

---

[103]   El concepto de religiosidad local fue acuñado por William Christian. Según este historiador, en la Diócesis de Toledo del siglo XVI "se daban dos tipos de catolicismo: el de la Iglesia universal, basado en los sacramentos, la liturgia y el calendario romano, y otro local, basado en lugares, imágenes y reliquias de carácter propio, en santos patronos de la localidad, en ceremonias peculiares y en un singular calendario compuesto a partir de la propia historia sagrada del pueblo" (Christian, 1991: 17).

configurar su vida social, con un poder vertebrador en la conciencia individual y colectiva que se manifestaba en las más variadas representaciones del hecho sacro" (Martínez de Sánchez, 2006: 184 y 318).

Mediante este trabajo pretendemos complejizar aspectos ya conocidos, como la participación en cofradías, desde el estudio de sus actores y de las definiciones identitarias que nutrieron y orientaron sus acciones.

Pese a que algunos autores sostienen que las cofradías fueron un fenómeno mayoritariamente urbano (Rosal, 2009: 168; Martínez de Sánchez, 2006: 79), al mostrar que también estuvieron presentes en la campaña de la diócesis cordobesa, damos cuenta de una mirada más completa de estos espacios. De hecho, hay autores que sostienen que en el mundo hispánico las fundaciones rurales fueron muy importantes, sobre todo en el caso de las cofradías de indios en Nueva España, donde "funcionaban como vehículos de integración social" (Aguirre, 2010: 146).

Nos orienta en este sentido una formulación conceptual de William Taylor. Consideramos que en estos espacios laicos, la mediación de los actores que los conformaban, así como las relaciones que se gestaron en su seno, pertenecen a lo que Taylor ha definido como la zona de contacto entre la iglesia institucional y las prácticas locales. Ello en tanto que "sugiere un espacio y tiempo de encuentro e interacción entre individuos, grupos, instituciones, ideas que empalman experiencias y límites indefinidos [...] [y que] se convierten en relaciones más que en cosas [...] incluyendo la subordinación e imposición, reposición, resistencia, aceptación, acomodo y combinación" (Taylor, 2000: 186).

En el primer apartado, analizaremos cómo los mayordomos o párrocos se erigían en intermediarios de la zona de contacto entre la feligresía y las autoridades eclesiásticas. Mientras que en el segundo, tomaremos en consideración el caso de la cofradía de San Benito para explorar las prácticas de sociabilidad en el interior de una hermandad. Para ello hemos consultado el Archivo del Arzobispado de Córdoba, específicamente el legajo de las cofradías, y cuando fue necesario, complementamos con la consulta de fuentes provenientes de otros fondos y archivos.

1. Hermandades como zona de contacto

En el espacio estudiado, la creación de una cofradía estuvo emparentada con la devoción hacia un santo o una advocación de la Virgen. De hecho, el objetivo de la fundación era canalizar la devoción por dicha veneración a través del cuidado de la imagen, de la organización y costeo de la festividad en la que se le rendía homenaje, además de la ayuda y el acompañamiento a los hermanos que morían. A través de sus prácticas de acompañamiento, las cofradías materializaban así rituales.

Estos motivos impulsaron la creación de la cofradía del Carmen, en San Juan de la Frontera en 1722, a partir de la adquisición de una imagen de Nuestra Señora del Carmen "de bulto de vara y tres cuartas de alto"[104] por parte del capitán don Pedro de Oro Bustamante. La imagen fue acomodada en una capilla en la iglesia de San Agustín, y fundó allí una cofradía en su honor. La creación de la Hermandad implicaba ciertas obligaciones. La cofradía del Carmen pagaba de la limosna que recibía una misa cantada cada miércoles, y el día de la festividad de la Virgen, además de la misa cantada, costeaba la música de la celebración.

A esto se sumaba la obligación que los mayordomos tenían de acompañar el cuerpo de los cofrades difuntos, llevando el pendón y hachas encendidas. De acuerdo a sus constituciones, cuando un hermano moría, los cofrades

---

104   AAC, Legajo 13, t. I, 28 de febrero de 1722.

acompañaban "el guion en dicha cofradía con sus hachas
[...] y este día [...] se le ha de decir misa cantada de réquiem
[...] y si no tuviere cajón para llevar el cuerpo, o hacheros
donde poner las velas y paño negro con todo cuanto ha
de contribuir la dicha cofradía".[105] La participación en la
Hermandad también ofrecía beneficios para los hermanos
vivos, ya que el obispo había concedido "cuarenta días de
indulgencia a todas las personas que entrasen por hermanos de dicha cofradía".[106]

Lo mismo ocurrió en la capilla de las Palmas, curato
de Traslasierra, pero su fundación tuvo un cariz distintivo
según los hechos que hemos podido reconstruir. Allí, en
1778, el teniente de cura Bernabé Moreno pedía al superior
de la Orden de Santo Domingo se le concediera licencia para
formalizar la fundación de una cofradía en honor a la Virgen
del Rosario, "a la que anualmente festejan los fieles con
toda decencia y culto".[107] En su carta, el ayudante Moreno
explicaba que la cofradía ya funcionaba de hecho, porque
la fiesta era costeada por los fieles y estos contaban con
"libros donde se asientan; los que en forma de Mayordomos
la sirven cada año, alistando allí sus nombres". Los fieles,
quienes según Moreno le habían suplicado que consiguiera
la licencia, deseaban "continuarla con toda formalidad", ya
que esto implicaba gozar de ciertos privilegios "espirituales
y grandes tesoros de Indulgencias, absoluciones, y Jubileos
que se gozan y encierran en la cofradía".[108]

Mayordomos, hermanos mayores y párrocos se constituían de esta manera en mediadores entre la Iglesia
"institucional" y las prácticas locales de la feligresía. A
través de ellas, se canalizaba la devoción de los fieles; su

---

[105]   AAC, Legajo 13, t. I, 28 de febrero de 1722.
[106]   AAC, Legajo 13, t. I, 28 de febrero de 1722.
[107]   AAC, Legajo 13, Cofradías, t. I, 30 de septiembre de 1778.
[108]   AAC, Legajo 13, Cofradías, t. I, 30 de septiembre de 1778.

participación en ámbitos como las cofradías daba entidad a las devociones y creencias locales, las legitimaba dentro de la estructura eclesiástica e, incluso más, los devotos podían obtener beneficios espirituales de ellos.

En este devenir, el caso de la capilla de Las Palmas muestra claramente la capacidad mediadora del ayudante de cura Bernabé Moreno. Moreno conocía la actividad de los feligreses del templo y su devoción y asistencia al culto de la Virgen del Rosario. Por ello decidió interpelar a las autoridades para dar una "oficialidad" a la hermandad ya constituida en los hechos. Por otra parte, eran los fieles, según Moreno, quienes le habían pedido que canalizara sus deseos de obtener la autorización diocesana a través de una petición formal. Es probable además que Moreno considerara que dicha gestión le posibilitaría estrechar vínculos en la comunidad y, de esta forma, legitimar y consolidar su autoridad.[109]

Como hemos anticipado, tanto la mediación de estos personajes como las relaciones que se conformaron en el seno de las cofradías nos invitan a pensar que pertenecen a lo que Taylor ha definido como la zona de contacto entre la Iglesia "institucional" y las prácticas locales, un lugar liminar, de intersección entre diferentes actores e ideas y donde se establecen relaciones de imposición, resistencia o aceptación (Taylor, 2000: 186). Ello se vio complejizado por su estructura formal, ya que había en ellas funciones específicas que correspondían a determinadas jerarquías. No era lo mismo ser capellán, ministro de novicios o mayordomo de la cofradía.

---

[109]   William Taylor sugiere que "los mayordomos y otros funcionarios de las cofradías y hermandades de las parroquias con frecuencia eran líderes en la devoción a un santo en particular, fiesta o aspecto de la liturgia [...] tenían algunos poderes de supervisión sobre tales cofradías, estos funcionarios estaban en contacto permanente con la jerarquía de la Iglesia, así como con las prácticas religiosas locales" (Taylor, 2000: 192).

En este sentido, la mayordomía de una cofradía implicaba no solo ser el responsable de una devoción, sino también ocuparse de temas más terrenales, y que muchas veces involucraban instancias de conflicto y negociación con las autoridades diocesanas o los superiores regulares. La evidencia con la que contamos se orienta en este sentido.

Entre los casos disponibles, el de la cofradía del Santísimo Sacramento resulta ilustrativo. Dicha cofradía funcionaba en la catedral de Córdoba, donde en 1785 su hermano mayor, don Josef Prudencio Xijena –quien además era sargento mayor y regidor, por lo que su posición en la sociedad cordobesa era preeminente–, reclamaba al provisor de la diócesis obligara a la priora del convento de Santa Catalina de Siena, madre María Bernarda de la Santísima Trinidad, a saldar una deuda que tiempo atrás el convento había contraído con la Hermandad.[110] Según el escrito, el crédito habría sido otorgado a la priora anterior del convento. La deuda consistía en 364 pesos y dos candeleros de plata. Una suma no menor si consideramos que unos años más tarde el salario de un médico en Córdoba era de 300 pesos anuales.[111] El reclamo desató un conflicto entre ambas instituciones y provocó una vehemente respuesta por parte de la madre priora, quien negaba la deuda por falta de registros.

Así como este tipo de conflictos no era ajeno al espacio de las cofradías y al contacto con distintos ámbitos eclesiásticos, éstos eran también espacios centrales para la sociabilidad en las comunidades de antiguo régimen. Los vecinos se reunían en la iglesia, y la participación en cofradías se tornaba un escenario propicio para la configuración de prácticas relacionales. Las relaciones que se entablaban en los templos no solo involucraban a los fieles

---

[110]   AAC, Legajo 13, t. I, 1785.
[111]   AHMC, Actas Capitulares, f. 142r, 1815.

con el cura párroco o sus ayudantes, sino que también implicaban un reconocimiento de las autoridades y sus mandatos sociales.

De hecho, los fieles identificaban al cura y, en menor medida, al mayordomo como líderes en la comunidad, pero también se enteraban por ellos de autos y comunicaciones de los provisores y obispos de la diócesis. Mientras que, por su parte, dichas autoridades se anoticiaban de las prácticas de estas comunidades a través de la mediación de estas figuras intermedias dentro de la feligresía, que les proveían información. La interacción de todos estos actores que intervenían en el ámbito cofrade formaba parte de las configuraciones propias de la zona de contacto, al decir de William Taylor.

Cuando en 1792 el obispo Mariano Moscoso prohibía, escuchando los deseos del gobernador intendente Sobremonte,[112] las funciones nocturnas en los templos, la medida despertó una serie de reclamos de los curas y religiosos de la diócesis. Una encuesta había sido confeccionada para consultar a todos los cuerpos eclesiásticos a fin de saber si la veda de celebrar la eucaristía de noche había sido efectiva. Y los hermanos cofrades serían uno de los tantos actores que elevarían la voz contra la supresión de las veladas nocturnas, interpelando a la autoridad eclesiástica.

Ante esta consulta, los curas rectores de la catedral de Córdoba manifestaban que "en todo el tiempo, que las

---

[112]   Según Cayetano Bruno, Sobremonte le había "sonsacado" disposiciones prohibitivas al obispo antes de su llegada a Córdoba, cuando recién había aceptado la mitra, y se encontraba bajando de Charcas a su nueva diócesis. Bruno también sugiere que años después Moscoso reconoció "haber suscripto la prohibición 'recién llegado a la diócesis, y sin el conocimiento práctico que engendra la experiencia'", y lamentaba la intervención del Gobernador en asuntos de estricto fuero eclesiástico (Bruno, 1970: 479 y 480).

dichas funciones han estado suspensas por orden de V.S. hemos observado una general, y lastimosa desolación de los templos, sin embargo de celebrarse en ellos por la tarde aquellos mismos ejercicios piadosos, que practicados de noches los llenaban antes".[113] Y los de La Rioja se preguntaban "si esta prohibición es llevadera en este país tan corto de vecinos, teniendo estos, por la constitución del lugar, sus mayores tareas en sus chacras y viñas, que no las pueden desamparar sino de noche".[114]

Estas opiniones provocaron la revocación del edicto en 1795 en "observancia de rebajar en mucha parte; y aun embaraza la piedad y devoción de los fieles".[115] En el camino que llevó al obispo a rever su orden, las cofradías también fueron consultadas. Por ejemplo, la hermandad dedicada al Santísimo Rosario, que funcionaba en el convento de la Orden Franciscana de la ciudad de Córdoba, pensaba que la disposición de Moscoso iba en detrimento de la concurrencia de los hermanos a las ceremonias organizadas por la cofradía.

Ello en virtud de que argumentaban ser "gente de oficio y esclavos" que en el día trabajaban teniendo solo libre la noche[116] y porque en las noches se les agregaban "muchos, y muy distinguidos señores de esta ciudad, sin avergonzarse de hacer un cuerpo con nosotros y cargar nuestro Pendón".[117] Es significativo pensar, a partir de este fragmento, en otro aspecto que hasta ahora no hemos abordado y que rodea a estas asociaciones. Nos referimos a su representación como medios de subversión del orden social. A través de la participación en las ceremonias nocturnas, los esclavos de la diócesis cordobesa "se igualaban" de alguna manera

---

[113]   AAC, Legajo 17, Visitas Canónicas.
[114]   AAC, Legajo 39, T. I, 22 de julio de 1795
[115]   AAC, Legajo 39, T. I, 30 de marzo de 1795
[116]   AAC, Legajo 39, T. I, 4 de agosto de 1792.
[117]   AAC, Legajo 39, T. I, 4 de agosto de 1792.

a la gente decente de la parroquia. La noche contribuía así a disolver las distinciones sociales, por lo menos durante las ceremonias.

En definitiva, todas estas consideraciones entraban en juego en esta zona de contacto, y contribuían a la conformación de lazos identitarios dentro de la comunidad. Ser cofrade significaba reconocerse como parte de un grupo de fieles, como devoto de una advocación específica, sujeto a autoridades locales, y aceptar y reproducir ciertas prácticas de religiosidad. Prácticas que forman parte de la identidad de la comunidad de fieles del obispado cordobés y que están relacionadas con la devoción a santos y vírgenes, impulsada por las órdenes religiosas.

Presentemos un caso que ilustra lo que afirmamos con una claridad mayor. La manera en que en 1786 el provisor de la diócesis, el cordobés Nicolás Videla del Pino, decide interpelar a los feligreses cordobeses ante un robo en la cofradía del Rosario de naturales nos advierte nuevamente sobre las relaciones jerárquicas y desiguales que existían entre la feligresía y las autoridades diocesanas. Asimismo, constituye un claro indicio de la forma en que las cofradías se erigían como un marco propicio para el control social por parte de las jerarquías eclesiásticas.

La Hermandad del Rosario funcionaba en el convento de Santo Domingo de la ciudad de Córdoba. De allí desaparecieron 214 pesos y 7 reales que la cofradía guardaba en una caja dentro de la alacena.[118] Enterado de este robo,

---

[118] Para tener una idea clara de la valoración de la cifra sustraída, podemos contrastarlo con algunos precios y salarios de la época. En principio, es necesario aclarar que la moneda corriente tenía un valor de 1 peso igual a 8 reales plata. Los 214 pesos eran un monto significativo si tenemos en cuenta que el sueldo anual de un peón rural era de 8 pesos mensuales, 96 anuales suponiendo que el salario era percibido por el trabajador durante todo el año (Johnson, 1990: 139). Sabemos, además, que en 1815 el Cabildo de Córdoba estipula que el salario anual de un médico titular sería de 300 pesos. Por ese mismo tiempo, algunos

el provisor recurría en esta ocasión a una normativa canónica que provenía de tiempos medievales: el anatema. Este era un recurso que ya había sido utilizado en Córdoba en otras ocasiones de robo, y que se establecía como un "auxilio espiritual" de los jueces eclesiásticos hacia la justicia secular. Con esta censura "se procuraba recuperar cosas robadas (*de rebus furtivis*) amenazando a los sospechosos con el anatema en caso de contumacia" (Agüero, 2009: 223).

Videla del Pino envía una carta a los curas para que sea leída en la iglesia catedral y en la de Santo Domingo, instando a que el culpable del siniestro devolviese el dinero, o a que aquel vecino que supiera algo sobre este hecho lo denunciase. La carta prosigue exhortando a los fieles a esclarecer el suceso bajo la amenaza de realizar una excomulgación pública y general.

El provisor recomendaba a los curas rectores y tenientes de curas que en los días festivos subsiguientes realizaran una ceremonia que, pese a la extensión del texto, vale la pena describir:

> Que en las expresadas Iglesias a las misas mayores en los tres días festivos siguientes, teniendo una cruz cubierta con velo negro, y un Acetre de Agua, y candelas encendidas os anatematicen, y maldigan con las maldiciones siguientes: malditos sean los dichos excomulgados de Dios, y de su bendita madre. Amén. Huérfanos se vean sus hijos, y sus mujeres viudas=Amén=el sol se les oscurezca de dia, y la luna de noche. Amén= Mendigando anden de puerta en puerta, y no hallen quien les haga bien=Amén= La maldición de Sodoma, y Gomorra, Datán y Abirón que por sus pecados los trago vivos la tierra vengan sobre ellos. Amén=con las demás maldiciones del psalmo Deum Laudeum meam netauresis, y

---

enseres del hogar que podían estar presentes en una vivienda también nos permiten trazar una comparación. Una guitarra salía 3 pesos; una montura, 27 pesos (Barba, 1999); y un par de botas, 2 pesos (AAC, Leg. 2, t. I, 1693-1835, "Inventario de tasación de los bienes que quedaron por fallecimiento del Alguacil mayor Dn. Antonio de las Heras").

dichas las expresadas maldiciones lanzando las candelas en el agua digan Así como estas candelas mueren en esta agua mueran las animas de los tales excomulgados, y desciendan al infierno con [¿] Judas Apostata=Amén y no dejen de así cumplirlo hasta que por Nos otra cosa le mande.[119]

El extracto que copiamos de este ritual es común a otros casos de esta práctica en el obispado, y con seguridad, a otros espacios, ya que su instrumentación se basaba en disposiciones regias y ordenamientos de cortes (Agüero, 2009). La ceremonia en sí arroja ciertos aspectos de las prácticas de religión en el espacio analizado, que vale la pena destacar. En principio, imaginamos una escena lúgubre, con velas, bañada de la luz tenue y sombría que suelen tener los templos, y colmada de gente mirándose mutuamente para encontrar al culpable.

Es interesante, además, observar que la utilización de este recurso seguramente nos habla del temor de los fieles a ser excomulgados, un temor que estaba por encima de la idea de ser culpado por un robo. En nuestra opinión, esta circunstancia alude directamente al peso que la religión católica tenía en la feligresía local y al efecto coercitivo que poseía.

Esta ritualidad además sugiere la pretensión, al menos dentro del templo y durante la misa, de las autoridades de marcar una distancia entre los curas y la feligresía. El cura no solo era el buen pastor dedicado a la cura de almas, sino que era el representante de Dios, y como tal, tenía la potestad de castigar con vehemencia a la grey "descarriada". Por otra parte, la excomunión pública y la maldición en el templo implicaban a toda la feligresía. No se limitaba a buscar y amenazar a los sospechosos, sino que pretendía mostrar a toda la comunidad el poder de los eclesiásticos

---

[119]   AAC, Legajo 13, t. I, 2 de diciembre de 1786.

para que, ante la amenaza de excomunión, se delatara al autor del robo.

Y este poder o control del sacerdote de la comunidad puede vincularse además con la idea del temor a Dios, presente en pasajes del Nuevo Testamento que aconsejaban atender a la propia salvación "con temor y temblor".[120] Según Alejandro Agüero, no es posible saber "el poder coercitivo de estas imprecaciones lanzadas con la mayor solemnidad ante una comunidad de fieles" (Agüero, 2009: 225), pero aun así acordamos con él en que esta práctica respondía a una "cosmovisión que unía a todas las criaturas bajo el deber de obediencia divina" (Agüero, 2009: 226).

En este sentido, consideramos que el caso citado muestra que la obediencia era una parte constitutiva de una identidad, que no se basaba solo en representaciones, sino que también era definitoria de prácticas. Hemos advertido en este apartado la manera en que las cofradías se establecieron en el espacio cordobés como instituciones coloniales que encausaron las relaciones sociales y forjaron lazos identitarios. Como zonas de contacto, estos espacios de interacción, conflicto y negociación fueron contribuyendo así a la conformación de una religiosidad católica local, que canalizó el control social de la feligresía por parte de las autoridades eclesiásticas, tal como profundizaremos a continuación.

2. Sociabilidad en la zona de contacto

En el apartado anterior vimos que las cofradías pueden ser consideradas como instituciones de tipo tradicional, cuyas redes relacionales y de solidaridad entre sus miembros son rasgos antiguos de la experiencia asociativa,

---

[120]   Nuevo Testamento, Filipenses, 2. 12.

a diferencia de las asociaciones posrevolucionarias que legitimaban la nueva identidad republicana (González Bernaldo, 2001: 114). Sin embargo, la cofradía de San Benito o del Cordón, que analizaremos enseguida, al igual que muchas hermandades de este tipo,[121] pervivió en el espacio cordobés aun después de la Revolución de Mayo.[122] Esta continuidad es indicativa de la funcionalidad y el rol que ellas habían adquirido.

En la cofradía del Cordón, un conflicto en torno a las funciones de las prebendas de los cofrades nos permite acercarnos a los vínculos relacionales que establecían los hombres que participaban en esta asociación. La cofradía de San Benito funcionaba en la iglesia de San Francisco y formaba parte de esa orden. La pertenencia de una cofradía o su fundación misma en torno a una orden regular estaban vinculadas a la identificación de los miembros de la Hermandad con la orden, seráfica en este caso, y con los santos y devociones que la orden auspiciaba.

Había sido fundada en el siglo XVIII (en 1757[123]), y tenía una particularidad: los obispos diocesanos no podían hacer

---

[121]   Estas ya habían sobrevivido al ataque de las reformas borbónicas, que habían apuntado especialmente contra este tipo de manifestaciones de religiosidad –alejadas de prácticas de religiosidad más ilustradas e intimistas– sin mucho éxito en su intento por acabar con ellas (Rosal, 2009: 170).

[122]   La pervivencia de este tipo de asociación es muy interesante y son realmente pocos los estudios que se dedican a seguirlas y analizarlas a lo largo del tiempo, advirtiendo los cambios y continuidades. Un caso de este tipo de estudios es el de Enrique Quinteros sobre la Cofradía del Santísimo Sacramento. En esta cofradía Quinteros destaca el reemplazo a fines del siglo XIX de la figura del mayordomo por la de capellán. Esta modificación, que implicó que la dirección y administración de la hermandad pasara a manos del clero, podría dar cuenta de un proceso de clericalización de la Iglesia en un contexto de secularización y laicización (Quinteros, 2010).

[123]   AAC, Legajo 13, Cofradías, "Individuos de la Cofradía de San Benito y cuentas de la misma Cofradía", 1825.

visitas a la institución, que quedaba legalmente desligada de autoridad diocesana y era controlada por los prelados de la orden franciscana. Los frailes franciscanos eran los encargados de controlar la cofradía, y esto reforzaba la idea de que la agrupación dependía de la orden y no de los obispos, desoyendo lo mandado por Trento en cuanto a que eran los obispos quienes debían efectuar visitas a las cofradías que no estaban bajo la protección del propio rey (Martínez de Sánchez, 2006: 108 y 109).

Pese a que por advocación y tradición generalmente se la identificaba con los negros –San Benito de Palermo era de origen esclavo y se lo considera protector de los pueblos negros–, la de San Benito de Córdoba era una cofradía mixta en la que aparecían miembros destacados de la élite local participando de sus actividades. Se mezclaba así la pertenencia natural con la voluntaria, lo cual no fue regla general en las sociedades de Antiguo Régimen (Martínez de Sánchez, 2006: 74). Pero además, esta circunstancia parece indicar que la cofradía, como espacio relacional o zona de contacto, propiciaba, en este caso, la interacción de diferentes grupos sociales en torno a la orden franciscana y a las personas que convocaba. Recordemos que en el apartado anterior vimos cómo los esclavos de la cofradía del Rosario, gente de oficio, eran acompañados durante las ceremonias nocturnas por la gente distinguida de la parroquia.

Resulta interesante destacar que dentro de esta cofradía actuaba un subgrupo de la comunidad africana cordobesa –compuesta en su mayoría por originarios de Angola y Guinea– que nombraban un "rey" y "una reina", quienes, en tanto jefes de esa colectividad, representaban el poder político dentro de su etnia (Martínez de Sánchez, 2006: 104). No tenemos mayor información sobre las funciones de estas dos autoridades de la parcialidad afrodescendiente de la cofradía, de la configuración del patrón de dualidad

entre sexo masculino y femenino, ni del proceso eleccionario que llevó a este particular liderazgo.

La comparación con la elección de autoridades étnicas en las comunidades indígenas andinas nos lleva a
pensar que esta lógica no respondía a patrones españoles,
sino que "refleja[ba] no sólo la concesión conveniente
del cura [y del encomendero], sino justamente la actua-
lización en el contexto colonial del principio de dualidad
que estructuraba la organización del mundo y del poder
en los Andes" (Caretta-Zacca, 2011: 67). En el caso de los
esclavos, probablemente estos líderes étnicos respondían
a una cosmovisión del mundo que se alejaba de los parámetros católicos y se acercaba a la configuración tribal
africana; configuración que cobra sentido al pensar en la
zona de contacto como un lugar para la reapropiación y
resignificación de ideas y prácticas que circulan en este
espacio liminar. Las representaciones de estos esclavos no
entraban en tensión con los parámetros católicos, sino que
invocaban una presencia conjunta. En la cofradía podían
establecerse relaciones duraderas entre distintos actores,
dado que en su interacción fueron soldando nuevos sentidos y prácticas sociales e identitarias.

En 1817, el mayordomo principal y los vocales de la
Junta de la Archicofradía de San Benito[124] escriben una nota
al provisor del Obispado de Córdoba, Benito Lascano, para
informarle sobre los últimos acontecimientos. El sábado
3 de septiembre a la noche, el capellán y otros cofrades
congregados en la Hermandad habían cometido algunas
faltas "en no asistir a los actos espirituales".[125] Los vocales
de la cofradía se habían quejado de este proceder ante los

---

[124]   Encontramos en las fuentes indistintamente la denominación de cofradía
y archicofradía para referirse a la misma institución.
[125]   AAC, Legajo 13, Cofradías, "Desacato del Mayordomo de la Cofradía de
San Benito", 1817.

responsables, quienes "contestaron con humanidad, expresando los imposibles que habían tenido para no asistir".[126]

El problema no hubiese tenido mayores repercusiones si no hubiese sido porque el mayordomo de ánimas, Manuel Antonio Echenique, "qe fue uno de los exortados no solo por haber faltado [...], sino tambien a los que eran correspondientes a su empleo, lejos de escusarse con aquella modestia debida, tubo la osadía de lebantar la vos dando golpes en la mesa, y otras acciones indecorosas que sin embargo de haberle requerido el dicho P. Capellan que se contuviese no lo quiso verificar".[127]

Echenique fue castigado y obligado a pedir perdón, pero se negó a hacerlo. Ante esta desobediencia, la Junta le pidió al ministro de novicios que se asegurase de que Echenique pasara un tiempo rezando para arrepentirse. Sin embargo, Echenique también se negó a este último castigo. Ante esta actitud del mayordomo de ánimas, la Junta decidió "en virtud de esto se sirviesen los Hermanos vocales asistir al cuarto de la Cofradía donde es de costumbre celebrar las juntas para imponerle la pena que dicho hermano merecía por rebelde desvergonzado, e inobediente".[128]

Después de la deliberación, se acordó hacer una votación para decidir si se lo deponía de sus funciones o no. La votación se hizo "no con el rigor que mandan las constituciones que dicen que al hermano inobediente se vorre de la Cofradia, sino congraciando con el parecer del referido P. Presidente".[129] El resultado fue unánime: Echenique debía abandonar su puesto en la cofradía de San Benito.

---

[126]   AAC, Legajo 13, Cofradías, "Desacato del Mayordomo de la Cofradía de San Benito", 1817.

[127]   AAC, Legajo 13, Cofradías, "Desacato del Mayordomo de la Cofradía de San Benito", 1817.

[128]   AAC, Legajo 13, Cofradías, "Desacato del Mayordomo de la Cofradía de San Benito", 1817.

[129]   AAC, Legajo 13, Cofradías, "Desacato del Mayordomo de la Cofradía de San Benito", 1817.

Concluida la votación, el presidente de la orden francis-cana[130] intentó anular el capítulo "sin respetar a la dicha jun-ta ni arreglarse a lo dispuesto en dichas constituciones".[131] ¿Por qué habría de anularlo? ¿Qué motivó este cambio de opinión cuando el parecer del presidente había sido con-sultado sobre la votación? ¿Acaso se habría confiado que la decisión beneficiaría a Echenique? No podemos asegu-rarlo, pero creemos que es atinado pensar que Echenique y el presidente franciscano estaban vinculados por una amistad, un vínculo más fuerte que hizo que este último, que no había tenido más opción que autorizar la votación, se embarcase luego en una polémica que no terminó allí. Otra hipótesis que no estamos en condiciones de probar, pero que sería interesante seguir indagando, es hasta qué punto este conflicto no es solo el emergente de conflictos internos en el convento franciscano, que seguramente no estaba exento de la formación de facciones rivales.

Cabe recordar que los Echenique eran una familia perteneciente a la elite cordobesa que manejó "la política local hasta casi finalizar el siglo [XVIII]" (Punta, 1997: 245) y que tenía un peso muy fuerte en la ciudad, cuestión que también podría haber entrado en escena al considerar el presidente la expulsión de Manuel Antonio.

El provisor de la diócesis, Benito Lascano, consultado sobre este conflicto, decidió intervenir. Lascano respondió a la misiva exhortando a los cofrades a "restituir el orden" y "cortar todo tipo de desavenencias, tan perjudiciales en

---

[130]   En el documento analizado no se hace explícito en ningún pasaje el nombre del presidente, pero queda claro que se trataba de la autoridad máxima del convento franciscano. En 1812, el presidente de la orden era Fray Juan de Dios Bilches; no sabemos si lo era en 1817, pero es posible que haya sido el mismo. AGN, Sala IX, 31-9-4. División colonia-Sección Gobierno justicia.

[131]   AAC, Legajo 13, Cofradías, "Desacato del Mayordomo de la Cofradía de San Benito", 1817.

estas corporaciones".[132] Para ello, pedía que se convocase a otra junta donde estuviera presente un "diputado"[133] de la diócesis para asistirlos en la decisión, pero con la voluntad de no innovar, perturbar, ni alterar el ejercicio de la cofradía.

Ante la sugerencia del provisor Lascano de constituir una nueva junta, el mayordomo principal Juan José Vélez le escribía para informarle que el presidente de la orden "no solo no admitia la referida convocación de hermanos, sino que siempre que llegara a su noticia, que en otra qual-quiera parte nos reuniésemos, haria venir soldados, y nos mandaria a la carcel".[134] Vélez le informaba, además, que él mismo había sido expulsado por el presidente al plantearle la constitución de una nueva junta que contaría con la presencia de un representante de la diócesis. Y explicaba que esta actitud autoritaria no era poco común por esos tiempos. La Revolución había interrumpido, entre otras cosas, la comunicación de las órdenes regulares con sus superiores en la península, y las autoridades de las órdenes se habían beneficiado de esta libertad de acción.[135]

Ante esto, el provisor Lascano responde enérgicamente, y en sus líneas se puede ver la preocupación del secular por sujetar esta institución –que dependía de los francis-canos– a su propia autoridad. Benito Lascano le explicaba así al reverendo padre presidente de San Francisco que su intervención era solo "en recurso de partes, sin degradar-me con mezclarme en lo económico de su casa. Entienda tambien que hede sostener sus privilegios legitimos, mas

---

[132] AAC, Legajo 13, Cofradías, "Desacato del Mayordomo de la Cofradía de San Benito", 1817.

[133] La palabra no refiere al término en sentido moderno, sino que así está expresada en la fuente y, a nuestro entender, se trataría de un delegado o representante.

[134] AAC, Legajo 13, Cofradías, "Desacato del Mayordomo de la Cofradía de San Benito", 1817.

[135] Para la suerte de los regulares cordobeses, véase Ayrolo (2010).

no, sus arbitrariedades, y hede contener tambien a V. P. el nuebo insulto, con que pretende igualar su autoridad a la mia".[136]

El provisor diocesano exponía en la carta las numerosas ocasiones en las que el presidente de la orden seráfica había objetado la sujeción de los regulares al clero secular. En una de estas oportunidades, el presidente había celebrado la decisión del Congreso de suprimir la Comisaría de Regulares.[137] Finalmente, Lascano acusaba al presidente de no haber hecho más que "avivar mas las desaveniencias que un altibo ha causado en la cofradia a la sombra del abrigo que ha hallado en V. P. contra la proteccion justa, que ha merecido en esta curia aquella corporacion".[138]

El conflicto desatado en torno a la supresión de Echenique en el cargo de mayordomo de ánimas de la cofradía de San Benito nos permite vislumbrar algunos aspectos de la sociabilidad y la reconfiguración política en la Córdoba posrevolucionaria. Si acordamos "que la brutalidad, en la misma medida que la afabilidad, es una forma de sociabilidad" (González Bernaldo, 2007: 70), bien podríamos decir que este espacio social traduce vínculos que se relacionan con intercambios donde la violencia –simbólica, de abuso de autoridad, en este caso– también forma parte de las relaciones entre las personas, e incluso

---

[136] AAC, Legajo 13, Cofradías, "Desacato del Mayordomo de la Cofradía de San Benito", 1817.

[137] La Comisaría General de Regulares se había creado en 1814 en un intento por regular a este sector del clero. El presidente de esa organización, el comisario, debía velar por la organización y el normal funcionamiento de todos los conventos regulares masculinos en la provincia. La experiencia es breve, dura de 1814 a 1816. Tras su supresión, las órdenes quedaron bajo la jurisdicción de los provisores y gobernadores del obispado y, eventualmente, del patrono local, o sea, de los gobernadores (Ayrolo, 2007: 107).

[138] AAC, Legajo 13, Cofradías, "Desacato del Mayordomo de la Cofradía de San Benito", 1817.

las estructuran. El presidente de la orden franciscana vetó la decisión de expulsar a Echenique, basado seguramente en un lazo personal con él, o con algún arreglo especial entre ellos, y de esa manera se impuso frente a la junta de cofrades.

Luego, el mismo presidente es quien expulsa al mayordomo principal Juan José Vélez por solicitar la intervención del provisor de la diócesis, marcando de esa manera su autoridad y su jurisdicción nuevamente. Por otra parte, Lascano, quien ocupaba dentro del clero secular un lugar de importancia en la mitra cordobesa, y que en ese momento tenía a su cargo la administración de la diócesis por falta de un obispo, intentaba imponer su autoridad frente al regular, a quien consideraba sujeto a él por la caducidad de la Comisaría de Regulares y la retroversión de las potestades que esta tenía en los obispos o en quienes hacían sus veces.

Y no es casual esta actitud en Lascano si pensamos que en su camino hacia la silla de provisor había hecho gala de una gran habilidad relacional. Aliado del gobernador-intendente Díaz, apoyó en 1816 una petición de este al Congreso de Tucumán por la destitución y el arresto del obispo Orellana, acusándolo de traidor a la patria (Bruno, 1970: 297-306).

De igual modo, las prácticas de sociabilidad observadas en esta hermandad refieren a "grupos de referencia" (González Bernaldo, 2001: 40) más amplios. El presidente de los franciscanos formaba parte del clero regular. Desde la implementación de las reformas borbónicas en los territorios coloniales, las órdenes regulares estaban sumergidas en una crisis muy profunda al punto de correr riesgo su pervivencia en América. No solo los jesuitas habían visto cómo se desmoronaba su orden tras la expulsión, sino que el resto de los regulares estaban perdiendo espacios de poder. La Revolución no hizo más que agravar esta situación, ya que las órdenes regulares quedaron totalmente incomunicadas con la península y, por ende, respecto de sus superiores generales.[139] En su trabajo sobre la provincia franciscana de Asunción, Jorge Troisi Melean concluye que coyunturas críticas, como la guerra de independencia, habían exacerbado antiguas y nuevas rivalidades dentro de la orden, y considera que los conventos no eran sectores aislados de la sociedad colonial "y, por lo tanto estaban atravesados por los mismos conflictos que sucedían fuera de ellos" (Trosi Melean, 2006: 127).

Quien salió beneficiado de esta situación de decadencia del clero regular fue el clero secular. Benito Lascano pertenecía a este grupo y respondía a sus intereses. Los clérigos diocesanos ocuparon los espacios de poder que antes habían ocupado los regulares. Particularmente en Córdoba, el clero cordobés –secular– "no sólo hizo posible que la religión fuese el cemento social y la base moral de la virtud ciudadana, sino que colaboró de forma invalorable e incuestionable con la construcción de la provincia-diócesis, ayudando a hacerla creíble y viable" (Ayrolo, 2007: 212). Como provisor, Lascano actuaba de acuerdo a la pertenencia a su grupo identitario y a sus intereses personales: el clero regular debía sujetarse al secular, y así lo expresaba con sus acciones y sus cartas.

Como contrapunto, la lógica asociacionista surgida al calor de la Revolución francesa, o en Buenos Aires a raíz de la Revolución de Mayo, remiten a la llegada de la "modernidad" política a través de nuevos espacios de sociabilidad. Sin embargo, nos parece pertinente aquí presentar una pregunta que se hacía Maurice Agulhon sobre el asociacionismo posrevolucionario en Francia, pero que bien podría aplicarse para el caso analizado. Allí

---

[139]   Para un marco general de la crisis de las órdenes regulares en el territorio ver Ayrolo (2009).

se preguntaba y respondía: "¿Por qué la política penetraba así en la vida de las asociaciones, cuyos estatutos, cuando existían, en su artículo principal insistían en la amistad y la distracción y proscribían la política? Evidentemente, porque ésta no podía expresarse en otra parte" (Agulhon, 2009: 123). Recordemos que no había partidos políticos en la época analizada, ni la política existía como actividad en el sentido moderno del término. La política se expresaba por canales como las cofradías.

Pero además, creemos que al desarmarse la lógica de funcionamiento de esas instituciones, era difícil evitar la reproducción de las luchas facciosas. Las cofradías, como ámbito corporativo, se presentaban como un canal asociativo, intersticio de participación "política", que permitía a sus participantes construir identidades grupales. También reproducían los conflictos del exterior presentando un nuevo escenario para dirimirlos.

Es necesario aclarar que creemos que si bien se enmarca en el período posrevolucionario, la cofradía analizada no se distingue de prácticas de sociabilidad tradicionales propias del Antiguo Régimen. Aquí, las jerarquías, la estructura formal y los vínculos que se establecen no corresponden a esos vínculos nuevos mediante los cuales los espacios de socialización se cruzan con el lenguaje de la sociedad-nación como fundamento del poder político, tal como sucedió en la ciudad de Buenos Aires (González Bernaldo, 2007: 40).

Acordamos con Valentina Ayrolo cuando sostiene que "avanzado el siglo XIX, los espacios de sociabilidad en los que podían encontrarse los hombres 'de razón' seguían siendo los mismos del período colonial, lo que muestra una sociedad que seguía funcionando de forma 'tradicional'" (Ayrolo, 2005-2006: 19). Con todo, la persistencia de estas formas asociativas no inhibió la creación de otras más modernas en sus concepciones de funcionamiento o, por lo menos, en su enunciación: nuevos espacios –desde las voces que encarnan lo público o el bien público, como es el caso de la Sociedad de Beneficencia Espiritual presentada por José Saturnino de Allende– y "formas subterráneas de encuentro e intercambio, así como la aparición continuada de periódicos, nos muestran un espacio político social vivo y en transformación, hacia formas de convivencia social que han sido denominadas como 'modernidad'" (Ayrolo, 2005-2006: 40).

Pensamos, en función de lo analizado en este trabajo, que probablemente las formas de sociabilidad presentes en las cofradías, y tendientes a "moldear" a la feligresía en un marco de control social y obediencia hacia las autoridades eclesiásticas, contribuyeron a la convivencia social por la que se abogaba a partir del siglo XIX. Y que ello puede estar relacionado con la nueva legitimidad que Córdoba había querido arrogarse, una vez roto el pacto revolucionario, frente al resto de las provincias (sobre todo, frente a Buenos Aires).

En efecto, la elite cordobesa intentó mantener la gobernabilidad de esta provincia-diócesis,[140] al decir de Valentina Ayrolo, fundándola "en una identidad local preexistente y un modelo ciudadano que implicaba la convergencia de virtudes cívicas y principios religiosos" (Ayrolo, 2007: 170). Y en esto, la Iglesia jugó un rol fundamental, ya que "actuó como mediadora y fuente de legitimidad" (Ayrolo, 2007: 170). Es posible pensar que en Córdoba las elites urbanas –entre las que el clero secular se encontraba– continuarán ocupando espacios de poder y dejando escaso lugar para el debate y la discusión política (Ayrolo, 2000: 161-175). Y en este sentido, la participación en instituciones tradicionales,

---

[140]   Concepto utilizado por Valentina Ayrolo (2007) para designar a la unidad político-administrativa de la provincia de Córdoba durante las autonomías provinciales.

como las cofradías, fue funcional a la conformación de un orden social con visos de "convivencia pacífica" basada en la obediencia y el control social de la comunidad de fieles.

3. Reflexiones finales

Planteábamos en la introducción que el estudio de las cofradías en el ámbito del Obispado de Córdoba nos permitía acercarnos a las prácticas de religiosidad local. Sobre todo hemos elegido centrarnos en la sociabilidad surgida al calor de la participación en las instituciones cofradiles y, en forma subsidiaria, a las prácticas relacionales en su interior.

Hemos considerado estas instituciones asociativas como zonas de contacto, en su condición de espacios de interacción donde se daban procesos de convivencia, negociación y conflicto entre diferentes agentes involucrados. Las cofradías eran así un lugar de encuentro entre los fieles y las autoridades eclesiásticas, donde la intermediación de curas párrocos, ayudantes y mayordomos dinamizó y canalizó dicho encuentro.

Con respecto a la religiosidad enmarcada en estas instituciones laicas, encontramos que el control social por parte de las autoridades diocesanas era un rasgo sobresaliente. La feligresía se encontraba de alguna manera "controlada" al ser miembro de una cofradía. Esta membrecía ponía a los feligreses en contacto con los mediadores, quienes transferían muchas veces la voluntad de obispos y provisores, con lo que estos fieles reconocían e identificaban la autoridad. Asimismo, su encuadre dentro de una hermandad los sujetaba a la mirada atenta de los agentes de mediación y, por ende, de la autoridad.

Esto fue claramente palpable en el caso del recurso de anatemización por parte del obispo en 1786 ante un robo en la cofradía del Rosario. En este sentido, coincidimos con Alejandro Agüero en considerar que en esta práctica "convergían el poder punitivo espiritual y el temporal" (Agüero, 2009: 229). Las formas de sociabilidad en el marco de las hermandades analizadas se distinguen por prácticas jerárquicas y desiguales. Una sociabilidad que refiere a formas más cercanas al antiguo régimen que a la modernidad política.

Estas consideraciones hacen también a la identidad de la comunidad de fieles del obispado. En tanto feligreses y vecinos, las relaciones sociales que se tejían en el seno de la comunidad responden a formas coloniales, tradicionales, que por el momento, y hasta bien avanzado el siglo XIX, tendrán en el obispado cordobés una fuerte persistencia.

Este espacio liminar que fueron las cofradías de finales del siglo XVIII y principios del XIX en la diócesis mediterránea nos permitió, por otra parte, observar la tensión y negociación entre la cofradía y las autoridades diocesanas y regulares. Y podríamos pensar que esto se constituyó en una retroalimentación entre la esfera "político-administrativa" y la identitaria. Esto es, la conformación del poder de dichas cofradías, sus vínculos con las autoridades eclesiásticas en general (definición de atribuciones y esferas, vínculos económicos, de sociabilidad, etc.), quedó enlazada a la construcción de un marco unificador de la identidad.

En definitiva, la canalización de conflictos políticos a través de las cofradías viabilizó el control social de la feligresía a la vez que permitió cristalizar y construir espacios de poder que trascendían el plano social. También en este sentido, la elite cordobesa se sirvió de esta construcción en la posrevolución. En el obispado cordobés, la política se expresaba en ámbitos como las cofradías, porque en ellas se dieron instancias de expresión y resolución de alianzas y conflictos políticos y sociales.

Bibliografía

Agüero, Alejandro (2009), "'Las penas impuestas por el Divino y Supremo juez'. Religión y justicia secular en Córdoba del Tucumán, siglos XVII y XVIII", *Jahrbuch für Geschichte Lateinamerikas*, núm. 46, pp. 203-230.

Aguirre, Salvador (2010), "Historia social de la Iglesia y la religiosidad novohispanas. Tendencias historiográficas", *Fronteras de la Historia*, vol. 15, núm. 1, pp. 135-156.

Agulhon, Maurice (2009), *El círculo burgués. La sociabilidad en Francia, 1810-1848*, Buenos Aires, Siglo XXI.

Arias de Saavedra Alias, I. y López-Guadalupe Muñoz, M. L. (1994), "El expediente general de cofradías (1769-1784). Propuestas para su estudio", en *Iglesia y sociedad en el Antiguo Régimen*, vol. I, Universidad de las Palmas de Gran Canaria.

Arias de Saavedra Alias, I. y López-Guadalupe Muñoz, M. L. (2002), *La represión de la religiosidad popular. Crítica y acción contra las cofradías en la España del siglo XVIII*, Granada, Editorial de la Universidad de Granada.

Ayrolo, Valentina (2000), "Representaciones sociales de los eclesiásticos cordobeses de principios de siglo XIX", *Revista Andes*, núm. 11, pp. 161-175.

Ayrolo, Valentina (2005-2006), "Noticias sobre la opinión y la prensa periódica en la Provincia autónoma de Córdoba: 1820-1852", *Quinto Sol*, núm. 9-10, pp. 13-46.

Ayrolo, Valentina (2007), *Funcionarios de Dios y de la República. Clero y política en la experiencia de las autonomías provinciales*, Buenos Aires, Biblos.

Ayrolo, Valentina (2009), "La travesía de la 'Iglesia' del Río de la Plata, Tucumán y Cuyo entre la colonia y la Nación", en Peraro, María A. (org.), *Igreja Católica e os cem anos da Arquidiocese de Cuiabá (1910-2010)*, Cuiabá, EdUFMT/FAPEMAT, pp. 29-52.

Ayrolo, Valentina (2010), "La reforma sin reforma. La estructura eclesiástica de Córdoba del Tucumán en la primera mitad del siglo XIX.", *Jahrbuch für Geschichte Lateinamerikas,* núm. 47, pp. 273-300.

Barba, Fernando (1999), *Aproximación al estudio de los precios y salarios en Buenos Aires desde fines del siglo XVIII hasta 1860,* La Plata, Universidad Nacional de La Plata.

Bruno, Cayetano (1970), *Historia de la Iglesia Argentina,* t. VIII, Buenos Aires, Don Bosco.

Caretta, Gabriela y Zacca, Isabel (2011), "'Benditos ancestros': comunidad, poder y cofradía en Humahuaca en el siglo XVIII", *Boletín Americanista,* año LXI.1, núm. 62, pp. 51-72.

Christian, William (1991), *Religiosidad local en la España de Felipe II,* España, Nerea.

Cruz, Enrique N. (2000), "Oro, cera, trigo y sal. Cofradías de indios en Jujuy, siglo XVIII", en Cruz, E. (comp.), *Iglesia, misiones y religiosidad colonial,* San Salvador de Jujuy, Universidad Nacional de Jujuy, pp. 177-203.

Estruch, Dolores (2009), "Fundar, gobernar y rezar. Una aproximación a los vínculos entre sociedad, política y religión en el Jujuy Colonial (1656-1776)", *Runa XXX,* núm. 1, pp. 61-78.

Fogelman, Patricia (2000), "Una cofradía mariana urbana y otra rural en Buenos Aires a fines del periodo colonial", *Andes,* núm. 11, pp. 179-207.

González Bernaldo, Pilar (2001), *Civilidad y política en los orígenes de la Nación Argentina. Las sociabilidades en Buenos Aires, 1829-1862,* Buenos Aires, Fondo de Cultura Económica.

González Bernaldo, Pilar (2007), "La 'sociabilidad' y la historia política", en Peire, Jaime (comp.), *Actores, representaciones e imaginarios, nuevas perspectivas en la historia política de América Latina. Homenaje a François Guerra*, Caseros, Eduntref, pp. 65-109.

González Fasani, Ana Mónica (1997), "Religiosidad y elites porteñas: cofradías de españoles en Buenos Aires en las primeras décadas del siglo XVIII", Actas de 49º Congreso Internacional de Americanistas, Quito, Universidad Católica de Ecuador, 7-11 de julio.

Johnson, Lyman (1990), "Salarios, precios y costo de vida en el Buenos Aires colonial tardío", *Boletín de Instituto de Historia Argentina y Americana "Dr. E. Ravignani"*, Buenos Aires, Tercera Serie, num. 2, 1er semestre, pp. 133-157.

Martínez de Sánchez, Ana María (2006), *Cofradías y obras pías en Córdoba del Tucumán*, Córdoba, Editorial de la Universidad Católica de Córdoba.

Martínez López-Cano, María del Pilar; Von Wobeser, Gisela y Muñoz Correa, Juan (1998), *Cofradías, capellanías y obras pías en América colonial*, México, Universidad Autónoma de México.

Mazzoni, María Laura (2011), "Culto, devociones e identidad. Las prácticas de religiosidad local en el Obispado de Córdoba a principios del siglo XIX", *História Unisinos*, núm. 15, vol. 2, pp. 317-327.

Punta, Ana Inés (1997), *Córdoba borbónica. Persistencias coloniales en tiempos de reformas (1750-1800)*, Córdoba, Universidad Nacional de Córdoba.

Quinteros, Enrique (2010), "De mayordomos a capellanes. La cofradía del Santísimo Sacramento entre fines de la colonia y principios del siglo XX", ponencia presentada en III Jornadas de Historia de la Iglesia y Religiosidad en el NOA, San Salvador de Jujuy, 16-18 de septiembre de 2010.

Rosal, Miguel Ángel (2008), "La religiosidad católica de los afrodescendientes de Buenos Aires (siglos XVIII-XIX)", *Hispania Sacra*, núm. 122, pp. 597-633.

Rosal, Miguel Ángel (2009), *Africanos y afrodescendientes en el Río de la Plata. Siglos XVIII-XIX,* Buenos Aires, Dunken.

Taylor, William (2000), "La Iglesia entre la jerarquía y la religión popular: mensajes de la zona de contacto", en Connaughton, Brian (coord.), *Historia de América Latina, vol. 1 La época colonial,* México, CCyDEL-UNAM, pp. 177-226.

Troisi Melean, Jorge (2006), "Los franciscanos de la provincia de Asunción en la transición del periodo colonial al independiente (1780-1820)", en Ayrolo, Valentina (comp.), *Estudios sobre clero iberoamericano, entre la Independencia y el Estado-Nación,* Salta, CEPIHA.

Zanolli, Carlos Eduardo (2008), "Entre la coerción, la oportunidad y la salvación. Las cofradías de indios de San Antonio de Humahuaca. Siglos XVII y XVIII", *Andes,* núm. 19, pp. 345-369.

La "Confederación" desde sus actores. La conformación de una dirigencia nacional en un nuevo orden político (1852-1862)

Ana Laura Lanteri

Durante la "Confederación", las trece provincias que la conformaron vivieron la primera experiencia de articulación en un proyecto político orgánico cuyas bases jurídicas se establecieron en la Constitución nacional de 1853. El pensarse y organizarse como parte de un estado federal implicó cambiar la naturaleza de sus poderes tras haber actuado como unidades políticas autónomas por más de tres décadas. Los estudios históricos prestaron poca atención a los lazos políticos y a las instituciones federales que se desarrollaron por entonces, pese a representar una década bisagra entre la primera y la segunda mitad del siglo XIX en el proceso de conformación estatal argentino.

Con el objetivo de contribuir al conocimiento de estos aspectos, en nuestra investigación doctoral analizamos tres problemáticas en forma conjunta.[141] La conformación de una dirigencia nacional, la articulación por parte de dicha dirigencia de sus recursos y accionar hacia la formación de una estructura estatal y, finalmente, la manera en que dicho diseño fue retroalimentado por las provincias. Estas páginas, por su parte, presentan una síntesis de nuestros principales argumentos sobre la primera de ellas. El enfoque que asumimos para examinar el proceso de conformación

---

[141] Agradezco los valiosos comentarios de los integrantes del jurado de mi tesis doctoral, los doctores Leandro Losada, Roberto Schmit y Eduardo Zimmermann, algunos de los cuales recupero en este trabajo. Como José Carlos Chiaramonte (entre otros, 2004) ha llamado la atención, las provincias se habían conformado desde 1853 en un estado federal, aunque el período sea denominado "Confederación" (en adelante, sin comillas).

de una dirigencia nacional en la Confederación es tributario del replanteo historiográfico sobre la segunda mitad del siglo XIX, que ha tenido lugar en las últimas décadas.[142] Recuperamos la convergencia de las dinámicas provincial y nacional para explicar la construcción del orden político, un aspecto que ha sido soslayado por los estudios específicos sobre el período.

En efecto, los mismos dieron poco margen de participación a las provincias y a sus representantes, desdibujando su protagonismo en el proceso. En este marco, las redes sociales y simbólicas que mantuvieron la política fueron descuidadas en el análisis. Algunos autores polarizaron la explicación sobre la dinámica política en la figura de Justo José de Urquiza –presidente de la Confederación entre 1854 y 1860–, lo que eclipsó la sistematización y el examen del perfil y el accionar del personal federal. A pesar de que se realizaron algunas semblanzas, Urquiza apareció en estos relatos asumiendo y dirigiendo la organización nacional (especialmente, Bosch, 1980).[143] Por su parte, otras interpretaciones enfatizaron el fracaso del proyecto estatal

---

[142]   Dicha renovación se dio al calor de la reformulación de la historiografía política iberoamericana de sus enfoques e interrogantes sobre el proceso de conformación de los estados nacionales durante el siglo XIX. Desde una variedad de especificidades locales/provinciales, diversos estudios han atendido a la forma en que el proceso de construcción estatal nacional afectó el desarrollo de las provincias, y recíprocamente, a la medida en que los intereses de las elites provinciales fueron contemplados en las estrategias de las autoridades nacionales. Por el amplio mapa bibliográfico, nos permitimos no citar cada uno de estos estudios. Al respecto, pueden consultarse un balance crítico en Míguez (2012) y una obra colectiva de reciente aparición en Bragoni y Míguez (2010). Sobre la historiografía en Iberoamérica, entre otros, Palacios (2007).

[143]   Organización que, por otra parte y en contraposición con las interpretaciones que señalamos a continuación, fue generalmente presentada como exitosa. Anticipamos al lector que por los resultados obtenidos en nuestra investigación, asumimos una postura intermedia entre ambas interpretaciones.

nacional de la Confederación y adujeron como una de sus principales causas la imposibilidad de sentar bases políticas e institucionales (Scobie, 1964; Gorostegui de Torre, 1972; Angueira, 1989; Oszlak, 1997).

Por el contrario, nuestro argumento es que un proceso de aprendizaje y conformación político-institucional nacional se inició en la Confederación y se consolidó en las décadas siguientes, y que este fue mucho menos eficaz de lo que sus autoridades esperaban, aunque más significativo –tanto para el propio desarrollo estatal como para el posterior– de lo que las interpretaciones históricas describieron.[144]

Postulamos que si bien Justo José de Urquiza fue una figura central en dicho entramado político-institucional, este se sostuvo gracias a un nutrido conjunto de personas; y que sus trayectorias públicas y privadas individuales y familiares y sus redes de relaciones constituyen una importante clave explicativa de la articulación entre nación y provincias que tuvo lugar durante el período. En el primer apartado, presentamos entonces el perfil sociopolítico del personal político federal, destacando sus principales vínculos, cualidades y atributos de poder. Basamos nuestro estudio en un *corpus* de 203 personas que se desempeñaron en los puestos estatales –militares, judiciales, legislativos y administrativos– más importantes.

Sostenemos, por ende, que no fue Urquiza como representante privilegiado del poder central el que avanzó sobre las élites políticas provinciales configurando a la Confederación, sino que éstas fueron protagonistas activas del proceso. En el segundo apartado, damos cuenta de ello desde la dinámica política legislativa. A partir del análisis

---

[144]   Con la excepción de algunos trabajos recientes que han señalado algunos de los avances en la conformación estatal nacional del período. Nos referimos a Buchbinder (2004), Mega (2010) y Garavaglia (2011).

del caso particular de la sanción y revisión de las constituciones provinciales, sintetizamos los principales rasgos
de su actividad e interacción en el Congreso nacional, en
tanto ámbito efectivo de su constitución como dirigencia
y de conformación de la institucionalidad estatal.[145]

1. Los políticos de la Confederación: vínculos, intereses, representaciones y atributos de poder

La relación entre la promoción en la esfera pública y la
posesión de un capital diversificado tuvo una combinato-
ria diferente en cada caso particular del personal político
federal. Las distintas cuotas de capital con que contaban
incluyeron vínculos y actividades de diverso tipo, pero
dar cuenta de cada una de estas particularidades excede
los objetivos de este trabajo. En cambio, presentamos un
cuadro general y algunos casos representativos de nuestros
argumentos. Profundizamos la mirada desde lo cuantitativo
a lo relacional y a algunos itinerarios individuales ilustra-
tivos de las redes de poder y de los principales atributos
políticos.

Resulta importante destacar que, pese a estas diferencias, hubo una cualidad común. Las provincias optaron
por enviar al Congreso, y el Poder Ejecutivo nombró en
los puestos nacionales más importantes, a personas que

---

[145]   Antes de continuar, debemos realizar dos aclaraciones. En primer lugar,
señalar que de las 203 personas de nuestro *corpus,* 149 actuaron como
legisladores nacionales. Por otra parte, advertir que las afirmaciones que
realizamos son sustentadas en evidencia empírica que por cuestiones de
espacio no siempre se detallan en el trabajo y que analizamos en Lanteri
(2010 y 2011a, b, c y d), según señalaremos oportunamente. Hemos
abordado el caso de las constituciones provinciales en Lanteri (2011b)
desde un enfoque complementario al que aquí nos ocupa. El examen
de cada constitución provincial y de su impacto e implementación en
las provincias excede nuestro objetivo.

habían tenido una vasta trayectoria en el escenario público.[146] En efecto, la amplísima mayoría se había iniciado en actividades políticas y/o militares con bastante anterioridad a 1852, y ello fue considerado un importante atributo para corporizar al nuevo estado nacional.

Para comenzar, veamos sus ocupaciones. En un marco de institucionalización política creciente como el de la Confederación, los estudios universitarios, que muchos de ellos habían desarrollado, fueron un recurso de peso para el acceso a cargos públicos. Alrededor del 38% estaban especializados en derecho, y casi el 6% eran médicos, mientras que el 25% eran militares y el 8%, eclesiásticos. Los conocimientos jurídicos eran fundamentales, dado que los abogados conocían la legislación y sabían cómo establecerla y utilizarla. El propio Urquiza se preocupó por fomentar su desarrollo con diversas acciones, como la habilitación de patentes de "abogados de la Confederación" y la educación en Jurisprudencia (Lanteri, 2011b).

Citemos dos ejemplos que revelan la importancia de dichos conocimientos. El prestigio político con que llegaron en 1853 Mariano Fragueiro al Ministerio de Hacienda y Salvador María del Carril al del Interior estuvo basado principalmente en sus cualidades para la administración.[147] Ello quedó expresado con claridad en la opinión de sus pares del Congreso General Constituyente (que sesionó entre 1852 y 1854). Por ser versados en asuntos públicos y haber mostrado una buena capacidad organizativa,

---

[146]   Las provincias nombraban a sus legisladores y al presidente y vicepresidente, y el Ejecutivo nacional designaba todos los demás cargos consignados. Los empleos y grados militares y los nombramientos de la Corte Suprema de Justicia debían contar con el acuerdo del Senado.

[147]   Ambos habían estudiado Derecho pero Fragueiro no culminó sus estudios, aunque había cumplido diversas funciones y escrito obras sobre economía desde la década de 1820. Sobre sus biografías, véase Weinberg (1975) y Rodríguez Villar (1925).

ambos fueron considerados, además de idóneos para los ministerios nacionales, buenos candidatos a la vicepresidencia –finalmente del Carril asumió el cargo–, pudiendo complementar los "hábitos de estanciero" de Urquiza.[148]

El poder económico de Fragueiro y de Del Carril también fue percibido como otro de sus valiosos capitales. La propia Constitución nacional de 1853, al establecer condicionamientos económicos para ocupar los cargos de presidente, vicepresidente y senador, magnificó la importancia del poder económico. Además, la precaria situación económica –uno de los aspectos más conocidos y enfatizados acerca de la Confederación– hizo que los sueldos en general no fueran pagados, por lo que era importante que los funcionarios tuvieran otra fuente de ingresos.[149]

En total, más del 45% del personal alternó sus carreras con actividades comerciales y rurales. Sin embargo, el trabajo empírico ha mostrado que aunque el poder económico fue jurídicamente ponderado y permitía a los actores posicionarse en la escena política de mejor manera, en la práctica no fue un atributo excluyente para ocupar un cargo político. En el momento de ser discutidos en el Congreso General Constituyente, los condicionamientos para acceder a los cargos, la renta anual de 2000 pesos que finalmente fue requerida, les pareció excesiva a algunos legisladores.[150] Afirmaron que las guerras civiles habían

---

[148]   Carta de Benjamín Lavaisse a Manuel Taboada, fechada el 28 de agosto de 1853, en Taboada, Gaspar, *Los Taboada. Luchas de la organización nacional*, t. III, Buenos Aires, Libreros Editores-Bernabé y Cía. 1937, pp. 93 y 94.

[149]   En efecto, las sucesivas medidas tendientes a revertir la precaria situación económica fueron inviables. La bancarrota de los ingresos genuinos, la falta de crédito público de la Confederación y los empréstitos tomados con enormes intereses evidenciaron la incapacidad para sostener la administración de gobierno. Una síntesis sobre los avatares del sistema económico puede verse en Schmit (2008: 152-160).

[150]   Como cifras comparativas, podemos citar que en 1855 los sueldos estipulados en pesos mensuales fueron de 250 a cada senador, de 600

destruido las fortunas de muchas familias y que personas idóneas que merecían los puestos no podrían acceder a ellos.

En este sentido, Gerónimo Espejo y Tomás Guido representan dos ejemplos paradigmáticos. Si bien no podían detentar un capital económico como Fragueiro y Del Carril, sí contaban al igual que ellos con un bagaje de experiencia e información nodal para cimentar la nueva realidad política, ya que ambos habían tenido una temprana aparición en la escena nacional al servicio de los ejércitos independentistas.

Espejo actuó luego en la guerra de Brasil en 1825 a las órdenes de José María Paz y lo acompañó en la Liga Unitaria, lo que le valió su exilio a Bolivia en 1830, del que regresó en 1852. En cartas confidenciales de 1854, afirmó que creía haber perdido su negocio de metales en Bolivia y que "subsistía" en Mendoza vendiendo algunas alhajas familiares.[151] Por su parte, Guido se había desempeñado, entre otros cargos, como ministro de Gobierno en Buenos Aires hacia 1827, y como plenipotenciario en Río de Janeiro entre 1840 y 1851. En 1854, sugirió que su "penosa situación económica" había sido definitoria en su aceptación en 1852 de continuar gestiones diplomáticas –ahora al servicio de Urquiza– en Brasil y también en Uruguay y Paraguay.[152]

Guido y Espejo no fueron los únicos militares que habían participado en la escena política de la primera mitad del siglo y que ocuparon diversos cargos al servicio de la Confederación. Como anticipamos, alrededor del 25% del total del personal político federal –de los que tenemos

---

al presidente, de 500 al vicepresidente y de 350 a los ministros.

[151] Carta de Gerónimo Espejo a Ramón Alvarado, fechada en Mendoza, el 6 de mayo de 1854, en Correspondencia, Archivo General de la Nación Argentina (en adelante AGN), X, 42-8-4, años 1811-1879.

[152] Carta de Tomás Guido a su hijo, fechada en Montevideo el 13 de septiembre de 1854, en Correspondencia, AGN, VII, años 1854-1860, Fondo Tomás Guido, 2055.

información– fue militar. Los datos sugieren que la mayoría se había iniciado muy tempranamente en las "Guerras de Independencia" o en la década de 1820.

Lo que ve claramente Schmit (2004) para el caso de los sectores subalternos tuvo aquí su equivalencia. Las elites también pudieron utilizar la defensa de la "patria" como un capital activo en sus relaciones políticas. De hecho, su itinerario público forjado al calor de las oportunidades abiertas por la "carrera de la revolución" (Halperin Donghi, 1972) hace difusa su clasificación como militares. Ello se dio mientras muchos pasaron durante la primera mitad del siglo a ser gobernadores, funcionarios provinciales o agentes diplomáticos, como Tomás Guido (Morea, en prensa y 2012; y Ayrolo, Lanteri y Morea, 2011).

La participación de estos militares, y en particular, de los "Guerreros de la Independencia", permitía legitimar el proyecto político de la Confederación al entroncarlo en una continuidad simbólico-histórica con la Revolución de Mayo de 1810.[153] Como ampliaremos, su distinción por parte del gobierno se tradujo en diversas acciones. Se reconocieron sus grados militares, se les otorgaron diversas promociones en el Ejército nacional y se fomentó su retorno para que colaborasen en funciones públicas (Macchi, 1979: 249-254). Por otra parte, el reconocimiento se manifestó también en las honras fúnebres que recibieron Carlos María de Alvear y José María Paz.

Pensamos que mediante este tipo de homenaje, Justo José de Urquiza buscó también mostrarse como una autoridad nacional que incorporaba y/o exaltaba a figuras no adeptas a su gobierno, a las que necesitaba incorporar al

---

[153]   El estado porteño también se valió de este mecanismo filiatorio para legitimarse desde 1852, mecanismo que por otra parte no era una novedad en el Río de la Plata, dado que había sido utilizado por Rivadavia y Rosas (Myers, 1995).

juego político. Urquiza le había enviado a Alvear a inicios de 1852 nuevas credenciales para continuar la gestión diplomática que desde años desarrollaba en Estados Unidos al servicio de Juan Manuel de Rosas. Alvear le solicitó que lo trasladase a Francia o Cerdeña, porque por su avanzada edad –había sido Director Supremo en 1815 y en el momento tenía sesenta y dos años– no toleraba más el clima de dicho país. Urquiza lo designó, dos meses después, diplomático de la Confederación en Francia, pero Alvear falleció en noviembre.[154]

Por su parte, Paz se había enfrentado a Urquiza desde mediados de la década de 1840 y había actuado vehementemente en su contra hasta dos años antes de su deceso en 1854, cuando fue enviado en 1852 por el gobierno porteño a las provincias con instrucciones de que no participaran en el Congreso General Constituyente. En la decisión de Urquiza de rendir honras fúnebres a este general, puede haber pesado además su función "amalgamadora", dado que figuras como Gerónimo Espejo y también –como veremos– Santiago Derqui habían actuado bajo órdenes de Paz en las décadas anteriores.

Como vimos, el Poder Ejecutivo nacional hizo claros esfuerzos por nuclear a la dirigencia política. A ello se sumaron otras acciones tendientes a institucionalizar su autoridad, como las realizadas en el ámbito educativo, basadas en mecanismos de fusión identitaria, como el de la extrapolación de la "familia entrerriana". En efecto, la experiencia de unificación del liderazgo de Urquiza durante sus gobernaciones en Entre Ríos en la década de 1840 intentó ser trasvasada al ámbito de la Confederación, pasando la representación paternalista del ámbito provincial al estado nacional (Mega, 2010; Schmit, 2008). Advertiremos más adelante que, a los esfuerzos del Ejecutivo, se sumó también

---

[154]   Dato en Macchi (1979: 73 y 74).

el autorreconocimiento del propio personal. Daremos cuenta también de los complejos vínculos entre el Poder Ejecutivo y el Legislativo en el Congreso.

Señalemos ahora que otra experiencia compartida por muchos miembros del elenco fue el exilio. Los emigrados también contaban con un capital simbólico importante, su prestigio se debió particularmente al "martirio político" que habían sufrido con Rosas.[155] Según el cruce de información realizado, más del 20% del total del personal debió exiliarse por su militancia antifederal en la Liga del Interior en la década de 1830 y en la Coalición del Norte en los años cuarenta. Entre los exiliados, se encontraban algunos miembros de la Generación del 37, cuya acción propagandística había sido fundamental en el derrocamiento de Juan Manuel de Rosas y en la representación de un espacio nacional.[156]

Asimismo, como ha sido destacado, la fragilidad del orden político surgido en 1820 y la correlativa precariedad del orden institucional y fiscal había obligado a muchos de estos hombres a emprender trayectos migratorios y ofrecer sus servicios a diversos gobiernos por fuera de sus lugares de origen (Bragoni, 2010: 6). La dimensión territorial en la construcción del poder debe ser entonces un elemento a considerar en el proceso de conformación de la dirigencia. Y aquí puede ser útil pensar lo territorial en una clave que si bien tenga en cuenta lo geográfico, contemple también

---

[155]   Gálvez, Víctor (Vicente Quesada), *Memorias de un viejo*, Buenos Aires, s/r, 1942, p. 199.

[156]   Aunque no identificaran necesariamente a la nación con un estado, asociaciones como la Asociación de Mayo reclamaron una jurisdicción nacional –por fuera de los sentimientos de pertenencia a un mismo lugar– como marco de su desarrollo, y ello fue fundamental para el proceso posterior de creación de dicho estado (entre otros, González Bernaldo, 2001: 168).

entre sus principales trazos las redes de relaciones e intereses personales.[157]

Respecto del exilio, distintas memorias, como las de Benjamín Villafañe y Ramón Gil Navarro, ofrecen un rico relato de la conformación de la Asociación de Mayo, la fundación de sus filiales en las provincias y los vínculos establecidos en dicho devenir. Ramón Gil Navarro inició su diario privado en 1845, precisamente cuando comenzó su exilio con su familia de Catamarca a Chile, donde se encontraba desde hacía un tiempo su padre obligado a emigrar por su oposición al rosismo.[158] Allí, pese a que sus propiedades habían sido confiscadas por Rosas, pudo prosperar económicamente gracias a sus actividades comerciales y rurales y a las relaciones que su familia había logrado construir.

En 1852, se incorporó al Club Constitucional en Valparaíso, desde donde actuó activamente en pos de la organización nacional. Recomendó, por ejemplo, que su primo Manuel José Navarro –quien era hijo del por entonces gobernador de Catamarca Manuel Navarro– fuese nombrado corresponsal del Club en Catamarca, para orientar la opinión de dicha provincia y la de La Rioja hacia los objetivos de Urquiza. Su opción por retornar de Chile en 1854 fue para "no dejar morir el nombre y el prestigio de la familia Navarro".

---

[157]   Según Ayrolo (2006). Vale aclarar al respecto que los datos con los que contamos indican que las elites de todas las provincias –en diferente número, siendo Buenos Aires, Córdoba y Salta las más representadas– tuvieron un lugar en la dirigencia nacional. Como advertiremos enseguida, el peso del origen geográfico se diluyó en el marco del Congreso, por lo que obviamos mayores referencias sobre ello.

[158]   En 1841, el coronel Maza había ocupado la provincia de Catamarca con el objetivo de derrocar a los opositores al rosismo. El padre de Gil Navarro, que por entonces era vicepresidente de la Legislatura y opositor a Rosas, pudo escapar y huir a Chile.

A diferencia de Benjamín Villafañe, quien tuvo que exiliarse por su participación en la Liga del Norte, Gil Navarro emprendió su regreso con el objetivo de desagraviar la experiencia de su padre. Pronto logró hacerse un lugar en la Confederación. En efecto, él y su primo Manuel José Navarro fueron dos de los diputados nacionales más jóvenes, al ocupar sus bancas con 28 y 25 años de edad, respectivamente. Tras su llegada a Paraná, Gil Navarro fue recibido por Facundo Zuviría –por entonces, ministro de Justicia, Culto e Instrucción Pública–, quien le dijo que por muchos años había considerado "a su padre como un hermano". Por ello dijo que lo trataría como a "uno de sus hijos", cuestión que hizo que frecuentara su casa en diversas ocasiones.

Facundo Zuviría también había regresado del exilio en 1852, luego de haber desarrollado una larga carrera pública. Desde su temprana presencia en la jura de Independencia en 1816, pasó luego a la Legislatura de Salta. En 1852, ocupó nuevamente la presidencia de la Legislatura salteña y fue elegido presidente del Congreso General Constituyente. En la Confederación, además de ocupar el ministerio, desarrolló múltiples funciones. El vínculo de Zuviría con el padre de Gil Navarro fomentó además de la hospitalidad señalada, solidaridad con respecto a la sanción de algunas leyes, facilitada porque ambos actuaron en el Congreso en forma simultánea.[159] Retornaremos enseguida sobre este aspecto.

---

[159]   Datos en la Academia Nacional de la Historia-Union Académique Internationale, *Memorias de una sociedad criolla. El diario de Ramón Gil Navarro 1845-1856,* Buenos Aires, Academia Nacional de la Historia, 2005, especialmente pp. 100, 169, 208, 230 y 272-273. Por su parte, Benjamín Villafañe, afirmó respecto de su participación en la Asociación de Mayo que era "la revolución de mayo, inconsciente, instintiva todavía, dándose cuenta de sí misma". Villafañe, Benjamín, *Reminiscencias históricas de un patriota,* Tucumán, Fundación Banco Comercial del Norte, 2, 1972, especialmente pp. 41 y 88.

Advirtamos ahora que, a diferencia de aquellos que emprendieron el exilio, otra parte había permanecido en las filas del rosismo. El mismo Urquiza lo había hecho hasta que fue preparando su camino al pronunciamiento de 1851. Los casos de Benjamín Victorica y Santiago Derqui son reveladores al respecto de otro tipo de trayectorias de dicho personal.

Victorica se convirtió en el principal vocero de Urquiza en el Congreso, como ampliaremos enseguida. Abogado nacido en Buenos Aires en 1831, actuó allí como auxiliar de la asesoría de gobierno y de la Auditoría General de Guerra y Marina. En Caseros se mantuvo al servicio de Rosas y luego de su derrota rechazó mantener cualquier contacto con Urquiza. Sin embargo, en 1853 y gracias a la intermediación de su amigo Baldomero García y de Juan Francisco Seguí, su profesor en la Universidad de Buenos Aires y en ese momento secretario de Urquiza, inició su relación con este último.[160] Urquiza se veía favorecido porque Victorica podía transmitir sus ideas "con un lenguaje persuasivo que era una especialidad" en él, por lo que pronto lo convirtió en uno de sus secretarios privados y, también, lo salvó de algunos apuros económicos y hasta le obsequió una propiedad rural en Entre Ríos en 1855. Además, Victorica cumplió otras funciones de diversa índole al servicio de la Confederación, y en 1857 se casó con una de las hijas de Urquiza (Ana), circunstancia que reforzó los vínculos entre ambos.

Por su parte, la situación de Santiago Derqui fue diferente a la de Victorica. Como Espejo, había sido adversario político de Urquiza al cumplir órdenes de José María Paz. Luego, el propio Derqui le ofreció sus servicios y Urquiza aprovechó justamente eso para encomendarle en abril de

---

[160] Bosch, (1994). En adelante, todas las referencias serán extraídas de esta biografía.

1852 su primera función al servicio de la Confederación. Lo designó encargado de negocios para suscribir un tratado de límites, comercio y navegación con el gobierno de Paraguay, con quien Derqui se había vinculado por su participación conjunta en la segunda campaña de Corrientes contra Rosas.[161] Derqui desarrolló una actividad política múltiple en la Confederación, desde la que fue creando alianzas y relaciones que le permitieron llegar a la presidencia en 1860.

Casos como el de Derqui y Victorica y los de otros integrantes del personal político federal ilustran claramente las reconversiones dadas en el marco de ampliación de las fronteras políticas luego de la batalla de Caseros.[162] A diferencia de ellos, otros muchos habían participado junto a Urquiza en décadas anteriores de sus gobernaciones o campañas militares. Por ejemplo, según la reconstrucción que realizamos, varios de los eclesiásticos y de los militares y la mayoría de los que fueron designados diputados en el Congreso General Constituyente y en la Corte Suprema de Justicia eran personas que ya habían dado muestras de afección a la política urquicista.

En definitiva, lo que interesa remarcar luego de este recuento es que la conformación de una dirigencia nacional exigió recapitalizar y unificar un personal diverso que, sin embargo, tenía un sustrato común en la experiencia de los estados provinciales autónomos (y, en el caso de algunos, en las guerras de Independencia de las primeras

---

[161]   Datos en Rebollo Paz (1949). Urquiza había pactado con el gobierno de Paraguay la neutralidad en su campaña contra Rosas a cambio del reconocimiento de la independencia paraguaya una vez que asumiera el gobierno.

[162]   Como otros ejemplos, pueden ser citados el del propio Baldomero García, que había rechazado el pronunciamiento en 1851 y al año siguiente conformó el Consejo de Estado de Urquiza en Buenos Aires y los de Adeoato de Gondra, Cesáreo Domínguez, Federico de la Barra y Pablo Lucero, quienes también, luego de 1852 o 1853, se acercaron a Urquiza.

décadas del siglo). Más allá de sus divergentes itinerarios, conservaban el recuerdo y el aprendizaje de un escenario permeado por guerras civiles y en donde la nación había permanecido latente. Había pervivido a través de los ensayos constitucionales de 1819 y 1826, y de una multiplicidad de pactos interprovinciales como el Pacto Federal de 1831 (Bragoni y Míguez, 2010: 17).

Tanto por la necesidad de construir un marco administrativo estatal como por la falta de personal para sustentarlo, las fronteras políticas –que no estipulaban criterios formales de ingreso– sufrieron entonces una importante ampliación que distintos actores supieron fructificar. El personal de la Confederación había adquirido empíricamente entrenamiento y saberes en el manejo de la actividad política y militar y, como mostraremos, reorientaron dicho bagaje corporizándolo en el nuevo sistema político nacional. Esta polivalencia les aportó además capitales simbólicos cardinales para cimentar y legitimar su actividad política. En dicho devenir, como sugieren los casos citados y los que sumaremos a continuación, se tejieron vínculos y solidaridades que se reencauzaron durante su experiencia en la Confederación. La política se sostuvo gracias a una red de relaciones sociales que exigió un arduo trabajo de construcción y reproducción.

De hecho, en función de lo que venimos describiendo encontramos acciones que evidencian la manera en que solidaridades anteriores a 1852 se extendieron en el período al ámbito nacional. Anticipamos que en la designación de cargos por parte de Urquiza fueron importantes las lealtades personales. Señalamos también los vínculos entre Gil Navarro y Zuviría y que Derqui forjó su camino a la presidencia por la conformación de relaciones de diverso tipo. Según algunos relatos, antes de acceder al cargo fue el ministro –actuó como ministro del Interior entre 1854 y 1860– que logró tener más apoyo en el Congreso nacional por su elaboración y/o defensa de diversas leyes. Por otro lado, se sirvió de sus redes familiares y políticas de Córdoba, su provincia de origen. Por ejemplo, propició la designación de coprovincianos de su confianza en puestos estatales claves, como Regis Martínez a cargo de la Inspección General de Correos en 1856 y Elías Bedoya en el Ministerio de Hacienda en 1857, luego de haber actuado como Inspector de Aduanas desde 1854. Finalmente, contó con el apoyo del propio Urquiza.[163]

Por su parte, los Guerreros de la Independencia actuaron como un colectivo en el Congreso nacional apelando a su accionar conjunto en las primeras décadas del siglo. Así, tres de estos militares –Ciriaco Díaz Vélez, Pascual Echagüe y Esteban Pedernera– en 1856 redactaron y sostuvieron en su rol de senadores una ley que facultó al Poder Ejecutivo para convocar a regresar a los restantes militares que habían actuado en los ejércitos independentistas por medio de los agentes extranjeros. Siguiendo este principio, Gerónimo Espejo adujo también que por su "intachable trayectoria" la promoción militar de Rudecindo Alvarado no debía ser tratada en comisión legislativa, sino sobre tablas (Ayrolo, Lanteri y Morea, 2011).

También debemos señalar que respaldos del tipo de los que fomentaron el vínculo entre Urquiza y Victorica –recordemos la mediación de Seguí y García– fueron frecuentes. El

---

[163]   Datos en Gálvez, Víctor (Vicente Quesada), *Memorias de un viejo, op. cit*, pp. 212-214 y carta de Alfredo Marbais Du Graty a Juan María Gutiérrez, en *Archivo del doctor Juan María Gutiérrez. Epistolario*, t. IV, Buenos Aires, 1981, pp. 256-257. Tras el asesinato de Nazario Benavídez en 1858, quien como advertimos era uno de sus hombres de confianza, definió su postura hasta entonces oscilante entre Derqui y su rival en las elecciones, Del Carril (quien recordemos que por entonces era vicepresidente) Sin embargo, la situación cambió desde la asunción de Derqui como presidente, las tensiones políticas con Urquiza fueron crecientes y encontraron en el Congreso un ámbito de expresión. Hemos desarrollado este punto en Lanteri (2010).

propio Victorica influyó activamente en 1854 para acelerar el traslado de Tomás Guido y del propio García de Buenos Aires a Paraná.[164] Sabemos además que en el momento de su actuación en el Congreso, algunos legisladores hicieron recomendaciones políticas de sus compañeros de estudios o de campañas militares, o simplemente de quienes definían como sus amigos por los vínculos que habían creado en Paraná.[165]

Estas situaciones evocan un mecanismo mediante el cual los "amigos de los amigos"[166] se sumaban en la construcción de nuevas relaciones –que se agregaban a las forjadas previamente–, que reforzaron la conectividad del personal político federal. En este tejido, además de las relaciones personales, tuvieron un importante lugar las familiares.

Por ejemplo, Emilio de Alvear pudo beneficiarse del capital simbólico de su apellido. Recordemos que su padre, Carlos María de Alvear, había sido convocado a participar del gobierno por Urquiza, quien ordenó además que tras su muerte se le rindieran honras fúnebres. Dicho capital fue acentuado por su amigo cordobés Manuel Lucero, que lo recomendó como diputado nacional al gobierno de Santiago del Estero. Destacó hacia 1856 que sería importante que "una de las notabilidades argentinas" estuviese en el Congreso y que además Alvear podía aportar

---

[164]   Citado en Bosch (1994: 30).
[165]   Datos en Bosch (1994: 30), cartas de Salustiniano Zavalía a Juan María Gutiérrez, Tucumán, 14 de julio de 1855, y Tucumán, 10 de julio de 1854 y 4 de septiembre de 1854; de Tomás Arias a Gutiérrez, Salta, 17 de abril de 1854, y Rosario, 21 de marzo de 1855; y de Rudecindo Alvarado a Gutiérrez, Salta, 10 de junio de 1855. Todas están en la Biblioteca del Congreso de la Nación, *Archivo del doctor Juan María Gutiérrez. Epistolario, op. cit.*, t. IV, p. 3; t. II, pp. 47, 76 y, 39; y t. III, pp. 219 y 200. El caso de los Guerreros de la Independencia fue analizado en Ayrolo, Lanteri, Morea (2011).
[166]   En el sentido definido por Boissevain (1974).

la instrucción que había recibido al lado de su padre en Estados Unidos.[167]

Si bien Lucero no lo explicitó en su carta, Alvear también contaba por entonces con un cargo político que lo respaldaba, dado que estaba entre el grupo de colaboradores del gobernador Pujol de Corrientes, como lo ha analizado Buchbinder (2004: 50). Finalmente, el gobernador Taboada parece haber seguido los consejos de Lucero. Emilio de Alvear fue elegido diputado por Santiago del Estero entre 1856 y 1858, y desde dicho año hasta 1861 por Corrientes. El caso citado detalla además un encadenamiento de solidaridades interprovinciales en la configuración de candidaturas para ocupar las bancas del Congreso, cuestión que es ilustrativa de su carácter de recinto federal, sobre el que volveremos más adelante.

Sugestivos estudios han mostrado que muchos de los alineamientos políticos provinciales del período reprodujeron características parentales.[168] Las diversas estrategias familiares se mezclaron en la dinámica de poder provincial y se extendieron al ámbito nacional. La ampliación de la escala geográfica del poder de algunas familias y la acumulación de antecedentes en el espacio político a lo largo del siglo dispusieron la participación política de Alvear y de otros dirigentes. Mientras que el favor oficial del propio Urquiza permitió a algunos legisladores extender el rango de influencia de su familia. Lo mismo sucedió con la participación en el Congreso, que dio la posibilidad de favorecer el ingreso de parientes y aliados políticos en la administración nacional en expansión (Botana, 1977).

---

[167]   Carta de Manuel Lucero a Manuel Taboada, Paraná, 5 de mayo de 1856, *Los Taboada. Luchas de la organización nacional, op. cit.*, t. IV, pp. 81 y 82.

[168]   Referimos aquí al replanteo historiográfico sobre la segunda mitad del siglo XIX citado con anterioridad.

Como retomaremos en el segundo apartado, la dimensión del poder de los salteños Zuviría, por ejemplo, se extendió gracias a que los hijos de Facundo Zuviría, Fenelón y José María, ocuparon diversos cargos. Los casos en este sentido pueden multiplicarse y son lo suficientemente contundentes como para pensar que diversos actores asociaron su vinculación con el poder nacional como una actividad que podía ofrecerles recursos para fortalecer o acrecentar su propio poder. Si bien las diferentes situaciones personales y provinciales que hemos podido analizar impiden una conclusión general –por ejemplo, parte del personal de la provincia de Córdoba no quiso ocupar las bancas legislativas–, el interés por participar en cargos nacionales fue creciente en varias personas.[169] Y que ello fuera así indica la progresiva consolidación del espacio de poder nacional. Además, todo lo expuesto redundó en la conectividad del personal político federal.

Para finalizar, interesa advertir que dicha conectividad también se vio favorecida porque, durante el período, el personal ocupó los distintos ámbitos de poder. De hecho, la intensidad y escala de yuxtaposición de los niveles y esferas es entonces otro elemento a considerar. Más del 50% del personal analizado se desempeñó en más de una función en el orden nacional y, entre ellos, más del 25% cumplió al menos tres funciones.[170] Y si consideramos al

---

[169]   Entre otros casos familiares (además de los analizados en diversa bibliografía sobre las provincias): Del Campillo, Elías, Victorica, Urquiza, Gordillo, Guido, Funes, Arias; y personal con intención de participar en cargos nacionales: Juan de Dios Usandivaras, Juan Francisco Seguí y Manuel Puch.

[170]   Por citar un ejemplo. De las 149 personas que se desempeñaron como legisladores nacionales, 15 fueron diputados en el Congreso General Constituyente, 16 fueron ministros nacionales, 28 formaron parte del Ejército nacional y 10, de la Corte Suprema de Justicia; y/o más del 50% cumplieron diversas misiones o empleos al servicio del Ejecutivo nacional, para los que debieron tener permiso desde 1857.

ámbito provincial, dicha acumulación de cargos se hace todavía más pronunciada. Las cifras remiten al ámbito de poder nacional como una extensión de los provinciales. En efecto, más del 55% del personal político federal desarrolló alguna actividad en el orden provincial en el período. Y entre ellos, casi el 40% en más de una función que muchas veces se superpuso o multiposicionó con las desempeñadas en el ámbito nacional.

En definitiva, si bien se vulneraba el principio republicano de división e independencia de poderes en algunos casos en que se superponían las funciones del personal político, el cumplir diversas tareas contribuyó a reforzar sus perfiles de dirigentes. La indiferenciación entre las esferas del poder federal fue en beneficio de la conformación de una dirigencia nacional, dado que facilitó en la práctica su conectividad, concentración y expansión. Con la circulación de personas y solidaridades que ilustramos hasta aquí, se transportaron también ideas e información que eran centrales para el enlace de las provincias en un sistema de poder más amplio.

El Congreso nacional fue un marco institucionalizado en el que las provincias y sus representantes construyeron y ejercieron su poder. Como advertiremos enseguida, el bagaje de experiencia gestado en la primera mitad del siglo XIX fue reorientado y capitalizado. Los itinerarios y las identificaciones previas del personal político se fueron fusionando en la estructura institucional que ellos mismos construían, y la nación se fue emplazando como la base de la acción y la legitimidad política.

Llegados a este punto, profundizaremos la discusión desde un caso testigo. El análisis de la sanción de las constituciones provinciales y su revisión en dicho recinto legislativo nos permitirá vislumbrar este y otro tipo de situaciones, que consideramos estuvieron en la propia base del entramado político e institucional de la Confederación.

2. La conformación de una dirigencia nacional al calor de la dinámica política legislativa

En el primer período legislativo de 1854, se sancionó una ley por la que se dio un plazo de ocho meses a las provincias para presentar sus respectivas constituciones. Dicha tarea era una de las demandas instituidas en la propia Constitución de 1853 para alcanzar la homogeneidad jurídica. El Poder Ejecutivo nacional aprovechó la ocasión para acompañar el envío de dicha ley con una circular donde les recomendó a los gobernadores que era fundamental que estableciesen de una manera clara el dominio provincial y nacional.[171] Sin embargo, la realidad de la Confederación impuso obstáculos al ideario y los mandatos legales.

Aunque solo seis provincias respondieron al plazo establecido, todas las constituciones fueron presentadas y aprobadas entre 1855 y 1856 y, luego de la desfederalización, sucedió lo mismo con la de Entre Ríos en 1860. La demora en cumplir los términos previstos tuvo diversos motivos según las provincias. Las constituciones supusieron una reorganización en sus sistemas políticos y ello condujo a conflictos entre facciones en algunas de ellas.

Tal fue el caso, por ejemplo, de Santiago del Estero (donde el gobernador consideró la sanción del texto como un "golpe de muerte" para su oposición política[172]), Salta[173] y San Juan. En esta última, los pasos desde la elaboración

---

[171]   Cámara de Diputados de la Nación, *El poder Legislativo de la Nación Argentina*, por Carlos Alberto Silva, Buenos Aires, 1937 (en adelante, Silva), t. III, p. 754.

[172]   Carta de Manuel Taboada a Alfredo Marbais Du Graty, Santiago del Estero, 1 de septiembre de 1856, Archivo General de la Nación (AGN), VII, Fondo Benjamín Victorica, 3131, Diputado al Congreso Federal, año 1856.

[173]   Aunque dictó su texto en los términos previstos, surgieron desavenencias entre el gobernador y la Convención Constituyente. Carta de Juan de Dios Usandivaras a Juan María Gutiérrez, Salta, 21 de mayo de 1855,

hasta la jura de la constitución llevaron más de dos años. La elección de los miembros de la Convención Constituyente fue en principio retrasada por el incumplimiento del Poder Judicial provincial de constituir las mesas electoras y la falta de dinero para costear los gastos y, luego, por la falta de sufragantes. Finalmente, dio como ganadora a la lista que encabezó Nazario Benavídez, por entonces ex gobernador y jefe de la Circunscripción Militar del Oeste de la Confederación.

Unos días después, varios convencionales presentaron su renuncia por la irregularidad de una elección realizada "sin tener en cuenta las reglas de procedimiento que había fijado el gobierno nacional", y que eligió a funcionarios públicos y jefes militares. Luego hubo también numerosas inasistencias a las sesiones, que retardaron el inicio de la Convención hasta comienzos de 1856.[174] Y una vez redactada la constitución, las tensiones políticas provinciales se trasparentaron al momento de su aprobación en el Congreso.

Así, el convencional Manuel Antonio Durán –quien además era secretario de Benavídez en la Circunscripción Militar desde 1855– le solicitó a Benjamín Victorica, quien como anticipamos fue el principal vocero de Urquiza, que defendiera el texto en el Congreso.[175] Le afirmó que el diputado por San Juan Guillermo Rawson era uno de los principales opositores de Benavídez y que no solo se

---

Biblioteca del Congreso de la Nación, *Archivo del doctor Juan María Gutiérrez. Epistolario, op. cit.,* t. III, p. 263.

[174]   Instituto de Investigaciones de Historia Regional y Argentina "Profesor Héctor Domingo Arias", *Archivo del Brigadier general Nazario José Benavídez,* San Juan, Universidad de San Juan, 2007, t. V, pp. 23-29.

[175]   Durán había ganado la confianza de Urquiza en 1854 cuando le informó sobre las pretensiones de Buenos Aires en el interior y mantuvo en el período una nutrida correspondencia con Victorica, seguramente pensaba que dichos vínculos contribuirían a que se cumpliera con su pedido.

había encargado de obstaculizar su sanción, sino que también buscaría allí reformarlo. Se refirió especialmente al artículo 7° que reglaba la elección de los miembros de la Legislatura excluyendo el principio de "localización" electoral, que había sido el punto más álgido del debate en la Convención.[176]

Efectivamente, por el análisis de las discusiones que tuvieron lugar en el Congreso en 1856, sabemos que Rawson fue el principal detractor de dicho artículo y que luego de una acalorada discusión –en la que su argumento central fue que atentaba contra el sistema representativo–, logró que fuera rechazado y eliminado del texto constitucional.[177] Pero la situación no culminó allí, dado que el Poder Ejecutivo nacional vetó la ley argumentando que la supresión de artículos era atribución de las convenciones provinciales y no del Congreso.

En la nueva discusión, Rawson sostuvo el rechazo a dicho veto, señalando la improcedencia del Ejecutivo en una acción que no le competía y afirmando que "votaba como sanjuanino" contra los partidismos políticos. Por

---

[176]   Carta de Manuel Antonio Durán a Benjamín Victorica, San Juan, 15 de febrero de 1856, en AGN, VII, Fondo Benjamín Victorica, 3131, Diputado al Congreso Federal, año 1856.

[177]   La estrategia de Rawson para oponerse fue entonces cargar las tintas sobre que ello atentaba contra el sistema representativo y que "en ninguna parte de Europa ni de América" se hacía la práctica; cuestión que debía ser tenida en cuenta. Logró orientar los votos en su favor y por ende el gobernador Díaz no pudo lograr su cometido. Los legisladores adujeron que el peligro mayor sería una "dictadura perpetua" –recordando probablemente que uno de los motivos porteños para rechazar el Acuerdo de San Nicolás fue que las provincias tuviesen igual número de representantes– ejercida por los centros de mayor población por sobre los pequeños. La constitución sanjuanina podía designar equitativamente sus centros electorales y señalarles la parte de representación que les correspondía, pero de ninguna manera podía privarlos de "su legítima influencia" de componer todos y cada uno parte de la Legislatura provincial. Discusiones en Silva, t. III, pp. 910-942 y 622-637.

su parte, Victorica intervino activamente en defensa del Ejecutivo nacional. También lo hizo Ramón Gil Navarro, sobre cuya trayectoria aludimos con anterioridad y que al momento era diputado por Catamarca, pero que se reconocía intermediario de Benavídez.[178] En la votación se decidió finalmente rechazar el veto del Ejecutivo, pero los votos no fueron suficientes –la diferencia fue de tres– para lo reglamentario. Finalmente el asunto pasó al Senado para su aprobación, pero este no se expidió nunca.[179]

Los casos descriptos ilustran sobre las dificultades en cumplir con el plazo previsto por la ley. Sin embargo, la situación de San Juan es también indicativa de la conformación de solidaridades extraprovinciales –como las que señalamos en el apartado anterior–, del uso del Congreso como un ámbito de resolución directa de las divergencias políticas sanjuaninas y de la injerencia del Poder Ejecutivo en las decisiones legislativas. La que estuvo vinculada aquí, además, a la articulación de intereses con la administración nacional en la provincia, dado que Benavídez y Durán integraban una Circunscripción Militar de la Confederación y se sirvieron de dicha situación para tejer su juego de poder local.[180]

En efecto, según hemos podido advertir, la representación política y la acción legislativa se asentaron sobre diversos elementos y clivajes modelados por cuestiones vinculadas al enlace entre los procesos constitucionales formales y las circunstancias políticas concretas. El vínculo

---

[178]   Sostuvo que cuando representó a La Rioja en 1855 fue gracias a la intermediación de Benavídez, a quien caracterizó como un "Toqueville de la política". Academia Nacional de la Historia-Unión Académique Internationale, *Memorias de una sociedad criolla. El diario de Ramón Gil Navarro 1845-1856, op. cit.,* 2005, pp. 240 y 328.

[179]   Al parecer, se pasó el asunto días después de que este entrara en receso, como una estrategia para evitar dicho rechazo al veto.

[180]   Sobre el devenir de la situación sanjuanina y el asesinato de Benavídez en este marco, véase Lanteri (2011d).

establecido entre el Poder Legislativo y el Ejecutivo plasmó la armonía alberdiana de un sistema federal con un Ejecutivo fuerte. Sin embargo, ello no implicó que las provincias resignasen su poder, sino que los ideales e injerencia del Ejecutivo nacional se conjugaron con el pragmatismo político y los intereses de las elites políticas provinciales y de los legisladores, y con las disposiciones tomadas por estos a raíz del debate parlamentario.

Y estas situaciones remitieron a límites precisos de las provincias a la capacidad coercitiva del poder central, quienes percibieron al Congreso como un recinto para la conformación de una institucionalidad estatal que las integrase, pero no por ello dejaron de anteponer sus dificultades e intereses propios. Ni el Poder Legislativo fue completamente independiente, dado que no solo estuvo bajo la tutela del Ejecutivo nacional, sino que los legisladores respondieron a distintas solidaridades políticas; ni el Poder Ejecutivo tuvo un poder omnímodo en el Congreso. Y este enlace entre los poderes tampoco fue lineal, sino que fue diferente según circunstancias marcadas por diversos intereses e ideas.[181] Del ajuste de atribuciones entre ambos poderes estatales fue también conformándose una dirigencia nacional.

Lo que resulta interesante remarcar es que hubo consenso entre las autoridades de la Confederación acerca de que la modernización política, social y económica era imposible sin un entramado jurídico e institucional que la sustentase (del cual las constituciones que estamos analizando implicaron 15 de las 292 leyes sancionadas). Pero este andamiaje fue mucho menos eficaz de lo esperado. Se debió lidiar con las necesidades y urgencias que le planteaba su ajuste a la realidad socioeconómica, política y geográfica. Hemos comenzado a advertir que los principales obstáculos

---

[181]   Sobre este punto, Lanteri (2010 y 2011b).

fueron la falta de recursos económicos y humanos y de hábitos y prácticas, dada la reciente conformación estatal. A comienzos de 1856, el periódico oficial recriminó el accionar de las provincias que –como San Juan– no habían elevado sus constituciones. En una editorial afirmó que su tarea se veía facilitada porque no tenían sino que "escoger entre los mejores de los que han sancionado las demás provincias",[182] dejando así al descubierto la manera en que la producción y circulación de la información fue considerada un elemento medular para avanzar en la institucionalidad estatal. En el punto que nos ocupa, la evidencia sugiere una red de cooperación en la escritura de los textos constitucionales, que muestra con claridad lo que afirmamos.[183]

Esa red fue posible gracias a las trayectorias del propio personal que analizamos en el apartado anterior. Por ejemplo, algunos legisladores como Facundo Zuviría participaron de la redacción de más de una constitución. Y sabemos también que el texto catamarqueño –que había sido redactado por el hijo de Zuviría José María– fue puesto a consideración de San Juan. Para realizar la de Corrientes (provincia a la que representó como senador entre 1854 y 1857), Facundo Zuviría pidió expresas recomendaciones a su gobernador Pujol para hacer un texto acorde a los intereses provinciales. Y en diversas ocasiones, le solicitó

---

[182]   *El Nacional Argentino,* Paraná, 9 de febrero de 1856.
[183]   Datos en "Informe de la Comisión nombrada para redactar el proyecto de la constitución provincial", Corrientes, agosto de 1855, y carta de Facundo Zuviría a Pujol, Paraná, 14 de noviembre de 1854, ambas en Pujol, Juan, *Corrientes en la Organización Nacional,* t. IV y V, Buenos Aires, Kraft; 1911; y carta de Alfredo Marbais Du Graty a Juan María Gutiérrez, 21 de marzo de 1855, Biblioteca del Congreso de la Nación, *Archivo del doctor Juan María Gutiérrez. Epistolario, op. cit.,* t. III, p. 226.

además indicaciones sobre el accionar que debía seguir en el recinto legislativo.[184]

Citemos otro ejemplo. Juan Francisco Seguí, quien por entonces era legislador nacional y ministro de Gobierno de Santa Fe, afirmó que debía ocuparse personalmente del tema. En una carta a su compañero del Congreso General Constituyente y al momento ministro nacional Juan María Gutiérrez, le sugirió que se había servido de las constituciones de las restantes provincias, cuestión facilitada porque Santa Fe fue la anteúltima –sin contar a Entre Ríos– en sancionar la suya. Al respecto, le solicitó ayuda en la corrección del manuscrito y sostuvo que este no sería ni redundante ni iría contra lo reglamentario como aquellas. Creía que el problema era que habían pretendido construir una soberanía que ya estaba determinada por la Constitución nacional.[185]

La afirmación de Seguí tuvo su correlato en la revisión del Congreso, dado que se le presentó una sola objeción al texto (que el gobernador fuese designado jefe de los empleados nacionales situados en la provincia). En efecto, el análisis empírico revela que se dio una baja tasa de refutaciones a las constituciones provinciales más tardías, en razón de la circulación de información sobre las revisiones de las más tempranas.[186] El problema planteado por Seguí no era otro que el señalado por Alberdi en 1853.[187] La so-

---

[184]   Carta de Facundo Zuviría a Juan Gregorio Pujol, Paraná, 14 de noviembre de 1854, en Pujol, Juan, *Corrientes en la Organización Nacional, op. cit.,* t. IV.

[185]   Cartas de Juan Francisco Seguí a Juan María Gutiérrez, Santa Fe, 18 de septiembre de 1855 y 23 de septiembre de 1855, ambas en la Biblioteca del Congreso de la Nación, *Archivo del doctor Juan María Gutiérrez. Epistolario, op. cit.,* t. IV, pp. 45-46 y 49, respectivamente.

[186]   En adelante, debate sobre las constituciones provinciales en Silva, t. III, pp. 748-999.

[187]   En efecto, lo analizado en este apartado pone de manifiesto su propia advertencia: "Habituadas a la independencia, las provincias no entrarán

beranía era comprendida y debía ser materializada de una manera diferente, y que las provincias lo interiorizasen no fue una cuestión sencilla.

En efecto, las discusiones del Congreso revelan que las advertencias de Seguí y de la circular enviada por el Poder Ejecutivo en 1854 no eran infundadas. Encontramos allí la impugnación a diversas atribuciones que no se condecían con los mandatos de la Constitución nacional. Así como la nutrida legislación sancionada en el Congreso durante el período intentó saldar los problemas de interpretación sobre el alcance y naturaleza del nuevo régimen político, el análisis que venimos desarrollando es testigo de los límites y la materialización de dicho intento. Los legisladores estaban en una situación compleja. Debían evitar que los poderes delegados a la nación por las provincias que representaban no fuesen reasumidos o restringidos por ellas. Y a la vez, debían garantizarles el ejercicio de aquellas facultades que no eran centralizadas por el poder nacional.

La trayectoria pública que describimos en el primer apartado incidió en su accionar, las discusiones trasparentaron posturas contrapuestas relativas a la conformación política e institucional nacional. De hecho, no solo las provincias tuvieron diversos intereses y contrariedades en sancionar sus constituciones, sino que además los legisladores asumieron ideas alternativas en el momento de aprobarlas. Es interesante destacar que estos últimos se mostraron en la discusión como un elenco no diletante. Y ello no fue así solo con motivo de este tema, sino también de los demás conjuntos normativos.

---

sino por grados en el camino de la subordinación al gobierno nacional". Alberdi, Juan Bautista, *Derecho Público Provincial Argentino,* Buenos Aires, Talleres Gráficos Argentinos de LJ Rosso, 1928 [1° edición 1853], p. 186.

La construcción del estado nacional llevó entonces a que el personal político se reconociera y actuara en la modernización estatal. Discutieron con base en la conformación institucional y política de la primera mitad de siglo, pero también en la legislación provincial y en las doctrinas nacionales e internacionales contemporáneas y en las prácticas parlamentarias de países como Chile, Uruguay, Brasil, Francia, Estados Unidos e Inglaterra. En el caso de las constituciones provinciales, se sirvieron de ello para objetarles atribuciones militares, políticas, judiciales y legislativas que no se condecían con la preeminencia y las prerrogativas del poder central sobre los provinciales, y que atentaban contra la división de poderes que era base del republicanismo.

Las objeciones realizadas ilustran la pervivencia de hábitos y principios anteriores a 1853. La federación mixta que había consagrado la Constitución nacional conllevó a problemas en su implementación, como los propios legisladores reconocieron. Lo que es de importancia en el análisis es que se debatieron distintas ideas y definiciones sobre la forma estatal, se ensayaron fórmulas concretas de articulación, de participación y de preponderancia entre los poderes estatales y entre las esferas de poder nacional y provincial, y se ideó una estructura institucional cuya puesta en práctica produjo algunos resultados.[188]

En este marco, por ejemplo, las constituciones supusieron un avance en la institucionalidad política federal. El Congreso aprobó los textos y dejó en suspenso solo las partes cuestionadas. Y a raíz de las modificaciones sugeridas, las distintas provincias introdujeron los cambios sin mayores reparos, mostrando adaptabilidad y cierta

---

[188]   No hemos avanzado en este trabajo sobre la retroalimentación de las provincias a la estructura estatal construida en el Congreso. Al respecto, ver Lanteri (en prensa).

confianza mutua.[189] Finalmente, en 1860, Buenos Aires logró incorporar entre las reformas a la Constitución nacional la suspensión de la capacidad revisora del Congreso de dichas constituciones.

Pero para entonces, el juego institucional había sido reconocido por las provincias y se había ido imponiendo como una forma de su articulación política. En efecto, lo expuesto hasta aquí invita a pensar en que la dinámica política legislativa redundó en beneficio de un ejercicio político experimental que realzó y dio sustancia al carácter de la formación estatal. En el caso de las constituciones, se sumó la defensa de diversos intereses, como señalamos sobre San Juan, donde los diputados Rawson, Victorica y Gil Navarro presentaron visiones contrapuestas basadas en sus alianzas políticas provinciales y nacionales. Justamente, la reciprocidad se alzó como la principal estructura política y dio lugar a la conformación de solidaridades en una escala extraprovincial.

En definitiva, pese a las dificultades que tuvo el funcionamiento institucional del Congreso, fue un espacio de poder y prestigio desde el que se podían tejer y supervisar los hilos de la política no solo federal sino también provincial. Además, permitió a diversos legisladores reorientar su cargo hacia el logro de objetivos e intereses particulares. La diversidad de vínculos y posiciones definía su participación en el Congreso de una manera que hace difícil su explicación por su pertenencia a un solo bloque o solidaridad política. Aun más cuando dichos bloques no respondían a principios programáticos precisos ni presentaban fronteras estáticas. En este sentido, lo que separaba a los legisladores

---

[189]   Igualmente, los gobiernos provinciales reforzaron su valor simbólico al ordenar solemnizar sus actos de jura. Datos en Academia Nacional de la Historia-Unión Académique Internationale, *Memorias de una sociedad criolla, op. cit.,* pp. 318 y 319; y *El Nacional Argentino,* 12 de enero de 1856 y 20 de diciembre de 1855.

no era tanto sus principios ideológicos, sino la facciosidad política en constante proceso de redefinición.

Retomemos por un momento el caso de Facundo Zuviría, dado que expresa con mayor claridad lo que afirmamos, y además es una nueva muestra del Congreso como un espacio de resolución de conflictos políticos.[190] En efecto, en 1856 se sancionó una la ley sobre incompatibilidades entre el cargo de legislador y ministro, cuyo objetivo principal era separar a Facundo Zuviría del ámbito de decisiones políticas nacionales. Por su defensa del elemento religioso y por sus vínculos con Buenos Aires, Zuviría había pasado a ser una persona indeseada para algunos ministros.

Ellos aprovecharon también para fomentar su exclusión, la extensión del poder familiar a la que aludimos. Fenelón, uno de los hijos de Zuviría, que era ministro de gobierno de Córdoba, se opuso tenazmente a la ley que dividió el territorio en circunscripciones militares en 1855. Su accionar fue duramente cuestionado y muchos legisladores pensaron que el vínculo familiar era sinónimo de la oposición de ambos a la autoridad nacional. Por su parte, José María, otro de sus hijos, lo defendió en el Congreso mientras era diputado por Catamarca. Ello le valió el llamado de atención de algunos de sus pares, que se sintieron "injuriados" por sus palabras. Finalmente, Facundo Zuviría renunció a ambos cargos aduciendo cuestiones de salud. Pero antes de hacerlo, recurrió a otras relaciones personales para intentar revertir su situación. La superposición y la circulación por funciones nacionales y provinciales anteriores y posteriores a 1854, a las que aludimos, colaboraron en dicho sentido. Por un lado, acudió al gobernador correntino Pujol, quien se negó a defenderlo. Por ello, Zuviría pasó de representar

---

[190]   Hemos ampliado este tema en Lanteri (2011b), en contraposición con el caso del belga Alfredo Marbais Du Graty, quien también fue expulsado del Congreso tras haber sido un hombre de confianza de Urquiza.

de manera bastante efectiva los intereses provinciales en
el Congreso a ser uno de sus principales opositores políticos. Logró, sin embargo, cooptar a Eulogio y José María
Cabral, que eran correntinos y diputados nacionales por
la provincia. Pujol se lamentaba por la conducta de ellos
y la contraponía con la de otros legisladores.[191]

También se valió Zuviría de la prensa para denunciar
su situación y escribió pasquines como "Empleomanía",
donde alineado con el clima de época latinoamericano
que evaluaba la participación de la sociedad en la política,
y con su propia experiencia, denunciaba la acumulación
de cargos públicos y los vínculos políticos clientelares.[192]
Más allá del crédito que puede darse a un relato teñido
por el desencanto, resulta sugerente para volver sobre la
multiplicidad de vínculos formales e informales que tejían
la institucionalidad del Congreso y sobre la información
como un elemento estructurador del orden sociopolítico.

Finalmente apeló a Tomás Guido, por entonces diplomático en Uruguay y senador por San Juan. Se encargó de
reafirmar su amistad y acción de vieja data al servicio de
la "unidad nacional" con argumentos que aludían a un
quiebre generacional con algunos de los legisladores opositores a su persona. Guido se solidarizó con su situación
y prometió su intermediación ante el presidente.[193] Meses
después del conflicto, Zuviría le diría a Guido, respecto de
su aceptación del cargo de ministro de Relaciones Exteriores
que le había propuesto Urquiza, que tuviera cuidado con

---

[191]   Cartas de Pujol a Derqui, Corrientes, 10 de mayo de 1856, y de Pujol
a Quesada, Corrientes, 10 de marzo de 1856 y 10 de mayo de 1856,
respectivamente. Las tres en Pujol, Juan, *Corrientes en la Organización
Nacional, op. cit.,* t. VI.

[192]   Zuviría, Facundo, "Empleomanía", en *Selección de escritos y otros documentos,* Buenos Aires, WM Jackson, p. 64.

[193]   Correspondencia en Guido, Tomás, *Epístolas y discursos,* Buenos Aires,
Ángel Estrada, 1944, especialmente, pp. 122-128.

que el prestigio de su nombre fuera usado para fines ajenos a su voluntad. Le afirmó: "Su reputación, su nombre, su gloria, ya no son una exclusiva propiedad de Ud y de su familia; lo son de la nación, del continente, de la historia". Y con ello dio cuenta de su autorreconocimiento como hombres públicos, de su legitimación como dirigentes.[194]

Lo que parece claro entonces, más allá de las ambigüedades que pueden surgir al intentar clasificar el accionar de los legisladores o de alinearlos a un único bloque político, es que el Congreso favoreció la conformación de solidaridades que permitieron la articulación de las elites provinciales en un sistema de poder más amplio. Las identificaciones previas se fueron reemplazando por la nación, que desde 1853 fue la nueva base de legitimidad política. La defensa de los intereses nacionales también implicó la búsqueda de la disolución de tendencias políticas pasadas. Los divergentes itinerarios de los legisladores, de los que dimos cuenta, se desdibujaban en su actuación conjunta en el Congreso, un marco institucionalizado que los cobijaba en tanto dirigencia nacional. Y en este marco, su origen dejaba de ser una condición de pertenencia y/o de exclusión.

En este devenir, se forjó una densa construcción de la representación nacional signada por redes de personas, solidaridades e información intra y extraprovinciales que corporizó el carácter federal del Congreso y ajustó la participación de los legisladores en él. Fueron diversos

---

[194]   Carta de Facundo Zuviría a Tomás Guido, en Guido, Tomás, *Epístolas y discursos,* Buenos Aires, Ángel Estrada, 1944, p. 128. Entre otros testimonios del autorreconocimiento del personal, véase Gálvez, Víctor (Vicente Quesada), *Memorias de un viejo,* Buenos Aires, s/r, 1942, p. 212, y percepciones de Vicente Quesada y Ángel Elías en el marco del problema de la representación política en Lanteri (2011c). Finalmente, Zuviría continuó siendo un hombre público trascendente. Tras su renuncia, fue ministro en Salta y en 1861 Derqui lo nombró presidente de la Corte Suprema de Justicia, cargo que no ocupó, pues murió en agosto de ese año.

los factores que modelaron la institucionalización de una dirigencia política que iba adquiriendo con sus tensiones, conveniencias y particularidades dimensiones nacionales.

Este aprendizaje político-institucional y la circulación y conectividad en los diversos escenarios nacionales y provinciales de poder, que se habían iniciado con bastante anterioridad a 1852, nos permite pensar que por el aparato estatal comenzara así a circular un *habitus* político.[195] Pensamos que se produjo la construcción, resignificación y reproducción de un *habitus* reconocible a partir de una experiencia común. Tuvieron un "entrenamiento" en el manejo de saberes especiales acumulados por su actuación política del pasado, pero también de su presente en la Confederación. Asumieron entonces un desempeño sostenido en el marco estatal –provincial primero, nacional después–, que actuó como una "escuela de formación". Sustentaron su poder gracias a la inversión de tiempo y de redes formales e informales. Finalmente, se interesaron por seguir participando del ámbito de poder nacional.[196]

En efecto, junto a la evidencia presentada en este artículo, que un núcleo importante de ellos se haya desempeñado en cargos de diversa índole en el período abierto en 1862, tras la derrota de la Confederación por Buenos Aires, nos permite enfatizar su carácter nacional.[197] Bartolomé

---

[195]   En el sentido definido por Bourdieu (2003).

[196]   Condiciones todas que según Weber (1998) permiten pensar en un político en sentido profesional. En este punto, tomamos también de Ferrari (2008) la definición y delimitación de los políticos a partir de sus prácticas. Como el lector habrá advertido, sobre el punto no seguimos un sistema conceptual específico y las nociones que utilizamos pertenecen a diversas tradiciones.

[197]   Hemos computado que entre 1862 y 1868, alrededor del 20% de los legisladores de Paraná –y casi el 32% en total entre 1862 y 1880– continuó ocupando una banca en el Congreso nacional del que ahora participaba Buenos Aires. Y, además, que otra parte importante del personal ocupó diversos puestos nacionales de importancia.

Mitre comenzó entonces una nueva etapa de conformación estatal nacional con personas que tenían conocimientos para efectivizarla y que habían sido partícipes de una larga convivencia política. Y con instituciones como el Congreso nacional, que fueron incorporando a las provincias en un sistema de poder más amplio. Los políticos de la Confederación fueron entonces un nexo importante –y tal vez imprescindible– entre ambos períodos.

3. Conclusiones

A diferencia de los estudios que centraron su atención en la figura de Justo José de Urquiza, hemos revelado que una nutrida red de personas sostuvo y conformó la trama político-institucional de la Confederación. Si bien Urquiza fue una figura central, las provincias y sus representantes fueron protagonistas activos del proceso. En efecto, ello se vio favorecido porque en la primera mitad del siglo XIX el personal político había tenido itinerarios divergentes, desde los que habían acumulado pericia pública y forjado vínculos y solidaridades. Dicho bagaje fue reorientado durante el período al servicio del nuevo sistema político. Diversos intereses motivaron su participación en el ámbito nacional y su accionar dejó al descubierto múltiples redes de relaciones familiares y personales. También su conectividad se vio reforzada en el período porque ocuparon los distintos ámbitos de poder.

En este marco, pensamos entonces que debe relativizarse el fracaso que algunos autores atribuyeron al proyecto estatal nacional de la Confederación. Aunque no fue exitoso el intento de construir un estado con dirección política en Entre Ríos, ni los organismos e instituciones estatales pudieron ganar en la solidez que sus autoridades esperaban lograr, hubo un sugestivo grado de cohesión y de referencialidad al espacio nacional. Las elites políticas provinciales tuvieron registro de que había instituciones como el Congreso que las contenían. Este fue un ámbito de cristalización y de juegos de alianzas provinciales y nacionales. Se logró avanzar, mediante las leyes sancionadas y las relaciones forjadas en dicho recinto, en la consolidación de los vínculos entre ambas esferas de poder y entre los poderes estatales nacionales.

Por la sociabilidad de la política y por el andamiaje legislativo-institucional construido en el Congreso, las elites provinciales comenzaron así a concebirse y a legitimarse como una clase dirigente nacional. De modo que el nivel de posibilidad de la Confederación lo marcaron en buena medida las ideas y prácticas de sus actores. Su autorreconocimiento como dirigentes y una suerte de convicción en la idea de nación, así como su propio accionar en las instituciones estatales antes y en el período, fueron entonces definitorios para su conformación como una dirigencia. No hubo una única carrera ni una formación política sistemática, sino que se constituyeron en una dirigencia política a partir de la experiencia, de las prácticas e ideas discutidas y compartidas al calor del estado nacional en formación.

Gracias a dichas cualidades aglutinadoras entre la primera y segunda mitad del siglo y a su acumulación de pericia en el manejo y gestión institucional, fueron así figuras centrales en el camino de la profesionalización política y de la maduración de una soberanía nacional. Consideramos entonces que este aspecto es de suma importancia para analizar el nuevo sistema político que supuso la Confederación, y también para aprehender con mayor rigor histórico sus peculiaridades y el legado de la misma al largo y sinuoso proceso de conformación estatal argentino.

Un proceso de aprendizaje y construcción político-institucional nacional se inició así en el período y se consolidó en las décadas siguientes. Obviar el rol y accionar de las provincias y sus representantes implica perder la riqueza de los distintos matices, recursos, vínculos, ideas y prácticas que lo dinamizaron. En definitiva, la conformación de una dirigencia nacional que integró en su seno a las elites políticas provinciales fue fundamental para la viabilidad de la Confederación, y es una de las claves de su herencia al proceso abierto en 1862.

Bibliografía

Angueira, María del Carmen (1989), *El proyecto confederal y la formación del estado nacional (1852-1862),* Buenos Aires, CEAL.

Ayrolo, Valentina (2006), "Historia regional comparada, ¿una nueva posibilidad analítica?", en Mata de López, Sara y Areces, Nidia (coords.), *Historia regional. Estudios de caso y reflexiones teóricas,* Salta, EDUNSa, pp. 107-121.

Ayrolo, Valentina; Lanteri, Ana Laura y Morea, Alejandro (2011), "Repensado la 'Carrera de la Revolución'. Aportes a la discusión sobre las trayectorias políticas entre la Revolución y la Confederación (Argentina. 1806-1861)", *Estudios Históricos, año III, núm. 7, CDHRP, Uruguay, pp. 1-28.*

Boissevain, Jeremy (1974), *Friends of Friends. Networks, Manipulators and Coalitions,* Inglaterra, Bristol/Oxford.

Bosch, Beatriz (1980), *Urquiza y su tiempo,* Buenos Aires, EUDEBA.

Bosch, Beatriz (1994), *Benjamín Victorica,* Buenos Aires, EMECÉ.

Botana, Natalio (1977), *El orden conservador. La política argentina entre 1880 y 1916,* Buenos Aires, Hyspamérica.

Bourdieu, Pierre (2003), *Campo de poder, campo intelectual*, traducción de Alberto Ezcurdia, Buenos Aires, Quadrata.

Bragoni, Beatriz (2010), "Las elites provinciales en perspectiva: notas a propósito de un tema recurrente", *PolHis. Boletín Bibliográfico Electrónico*, año III, núm. 6, pp. 31-34.

Bragoni, Beatriz y Míguez, Eduardo (coords.) (2010), *Un nuevo orden político. Provincias y estado nacional, 1852-1880*, Buenos Aires, Biblos Historia.

Buchbinder, Pablo (2004), *Caudillos de pluma y hombres de acción. Estado y política en Corrientes en tiempos de la organización nacional*, Buenos Aires, Prometeo.

Chiaramonte, José Carlos (2004), *Nación y Estado en Iberoamérica*, Buenos Aires, Sudamericana.

Ferrari, Marcela (2008), *Los políticos en la república radical: prácticas políticas y construcción del poder (1916-1930)*, Buenos Aires, Siglo XXI.

Garavaglia, Juan Carlos (2011), "Rentas, deuda pública y construcción estatal: la Confederación argentina 1852-1861", *Desarrollo Económico*, vol. 50, núm. 198, julio-septiembre de 2010, pp. 223-248.

González Bernaldo de Quirós, Pilar (2000), *Civilidad y política en los orígenes de la Nación Argentina. Las sociabilidades en Buenos Aires, 1829-1862*, Buenos Aires, Fondo de Cultura Económica.

Gorostegui de Torre, Haydeé (1972), *La organización nacional*, Paidós, Buenos Aires.

Halperin Donghi, Tulio (1972), *Revolución y guerra. Formación de una elite dirigente en la Argentina criolla. Argentina*, Buenos Aires-México, Siglo XXI.

Lanteri, Ana Laura (2010), "La conformación de una dirigencia nacional. Notas sobre la dinámica legislativa del congreso de Paraná (1854-1861)", en Ayrolo, Valentina (comp.), *Economía, sociedad y política en el Río de la Plata del Siglo XIX. Problemas y debates,* Rosario, PROHISTORIA, pp. 125-139.

Lanteri, Ana Laura (2011a), "De lo ideal a lo posible. Dirigencia e instituciones nacionales en la 'Confederación' (1852-1862)", tesis doctoral, IEHS-UNCPBA, Tandil.

Lanteri, Ana Laura (2011b), "Instituciones estatales y orden político. Diseño, prácticas y representaciones de la justicia federal en la 'Confederación' (1852-1862)", *Población y Sociedad. Revista Regional de Estudios Sociales,* Tucumán, Universidad Nacional de Tucumán, vol. 18, núm. 1, pp. 49-78.

Lanteri, Ana Laura (2011c), "'Unos cuantos aventureros de la política'. Notas sobre los 'alquilones' en la 'Confederación' (1854-1861)", *PolHis. Boletín Bibliográfico Electrónico,* año IV, núm. 7, pp. 115-126. Disponible en línea: http://historiapolitica.com/boletin7/

Lanteri, Ana Laura (2011d), "Las provincias en un ámbito de poder institucionalizado. Representación política y acción legislativa en el Congreso de Paraná en la 'Confederación' (1854-1861)", *Estudios Sociales,* Universidad del Litoral, núm. 41, pp. 69-82.

Lanteri, Ana Laura (en prensa), "Acerca del aprendizaje y la conformación político-institucional nacional. Una relectura de la 'Confederación' argentina (1852-1862)", *Secuencia,* núm. 87, septiembre-octubre de 2013, México, Instituto Mora.

Macchi, Manuel (1979), *Primera presidencia constitucional argentina,* Entre Ríos, Ediciones del Palacio San José, Serie III, Nº 13.

Mega, Aixa (2010), "La Confederación Argentina (1852-1861), ¿un proyecto de institucionalidad trunco?", *Hablemos de Historia,* núm. 6, Entre Ríos, pp. 195-207.

Míguez, Eduardo (2012), "Gestación, auge y crisis del orden político oligárquico en la Argentina. Balance de
la historiografía reciente", *PolHis. Boletín Bibliográfico
Electrónico*, núm. 8, Buenos Aires.

Morea, Alejandro (2012), "El Ejército Auxiliar del Perú:
algunas características sobre su cuerpo de oficiales",
ponencia presentada en las I Jornadas Bianuales del
Doctorados y Becarios, Tandil, IHES-Facultad de
Ciencias Humanas, 25 y 16 de marzo.

Morea, Alejandro (en curso), "Liderazgo, relaciones y capacidades militares en la construcción de carreras
político- militares entre 1810-1830 en el interior de las
Provincias Unidas del Río de la Plata", tesis doctoral,
Tandil, Argentina, UNCPBA.

Myers, Jorge (1995), *Orden y virtud. El discurso republicano
en el régimen rosista,* Bernal, Universidad Nacional
de Quilmes.

Oszlak, Oscar (1997), *La formación del Estado Argentino,*
Buenos Aires, Planeta.

Páez de la Torre, Carlos (1984), *El derrumbe de la
Confederación 1855-1862,* Buenos Aires, La Bastilla.

Palacios, Guillermo (coord.) (2007), *Ensayos sobre la nueva
historia política en América Latina, siglo XIX,* México,
El Colegio de México.

Rebollo Paz, León (1949), *Derqui, el presidente olvidado,*
Buenos Aires, Imprenta López.

Rodríguez Villar, Pacífico (1925), *Salvador María del Carril
y el pensamiento de la unidad nacional,* Buenos Aires,
A. de Martino Ltda.

Schmit, Roberto (2004), *Ruina y resurrección en tiempos
de guerra. Sociedad, economía y poder en el oriente
enterriano, 1810-1852,* Buenos Aires, Prometeo.

Schmit, Roberto (2008), *Historia del capitalismo agra-
rio V: los límites del progreso: expansión rural en los*

orígenes del capitalismo rioplatense, Entre Ríos 1852-1872, Buenos Aires, Siglo XXI.

Scobie, James (1964), *La lucha por la consolidación de la nacionalidad Argentina 1852-1862,* Buenos Aires, Hachette.

Weber, Max (1998), *El político y el científico,* Buenos Aires, Alianza.

Weinberg, Gregorio (1975), *Mariano Fragueiro, pensador olvidado,* Buenos Aires, Solar/Hachette.

POLÍTICA Y PARTIDOS EN LA ORGANIZACIÓN NACIONAL

Eduardo Míguez

El triunfo de Mitre en Pavón abrió una etapa del proceso de organización nacional liderada por Buenos Aires. No habían pasado veinte años y la situación se había revertido; la elección de Roca y la derrota de la rebelión porteña de 1880 reafirmaron el liderazgo de sectores políticos provinciales, incluyendo porteños, aunque estos ya no tendrían una posición hegemónica. Una parte importante de este proceso consistió en la formación de nuevas configuraciones políticas.

La etapa rosista había legado un horizonte fraccionado entre Unitarios y Federales. Estos partidos ejercían una práctica política excluyente, caracterizada por la negación de cualquier posible legitimidad del rival, constituido en enemigo del bien: de la nación, de la libertad, de la justicia, etc. Aunque en la década de 1850 Urquiza preconizó la fusión de partidos, las elites porteñas, buscando legitimar su separación del resto de las provincias, reiteraron la fórmula dicotómica. Por otro lado, las viejas identidades y lealtades creadas en varias décadas guardaban no poco peso. Surgieron así las facciones Liberal (heredera de la Unitaria) y Federal,[198] que por un lado, se identificaban en buena medida con el estado de Buenos Aires y la Confederación respectivamente, y por otro, suponían concepciones opuestas del orden sociopolítico.

---

[198] Una cuestión que genera cierta confusión es que la denominación de los partidos coincide con el nombre de una filosofía política y una forma de organización institucional que, en esencia, según se verá, eran compartidas por ambos. Tanto Federales como Liberales eran en buena medida liberales y propiciaban una forma federal de gobierno. Para evitar confusiones, uso mayúsculas para referirme a los partidos y minúsculas para la escuela filosófica o la forma institucional.

Cuando Tejedor se rebeló contra el triunfo de Roca, el enfrentamiento entre Buenos Aires y las provincias estaba en el centro de escena, pero ya no contenía una carga de contraposición de ideas, programas o tradiciones políticas. Por más que en el lenguaje aparecieran tropos dicotómicos para justificar la rebelión armada, la lucha de facciones no encontraba una explicación más allá del localismo o de la facciosidad en sí misma. Diluida después de 1880 la rivalidad entre porteños y provincianos, las subsiguientes confrontaciones políticas aparecen como la mera disputa por el poder por parte de coaliciones sin un contenido específico más allá de la lucha por los puestos de gobierno.[199]

Es nuestra hipótesis que la elección de 1868 marcó en estos cambios un momento importante. En otro trabajo analizo los aspectos de este proceso, que tienen que ver con la relación entre nación y provincias (Míguez, en prensa). En el presente, deseo discutir las transformaciones en la lógica partidaria. Ya desde Caseros, en un proceso que se inicia aun antes, se van generando consensos en torno al programa de transformaciones que se requiere en relación con la conformación del estado nacional argentino. Esta visión se contrapone a una vieja tradición de la historiografía liberal, iniciada por los propios actores, y seguida (como en tantas cosas) por los rivales revisionistas de aquélla, que buscaba profundas diferencias ideológicas y programáticas entre Federales y Liberales. Esta caracterización hace sin embargo imposible entender la lógica de los actores, y por otro lado, no resiste una revisión de las ideas sostenidas por ellos.[200]

---

[199] Así se deduce del análisis, por ejemplo, de Alonso (2010). Una discusión del tema en Míguez (2012).

[200] Desde luego, muchos contemporáneos e historiadores han estado lejos de la simplificación ideologicista.

Mi argumento es que la amplia coincidencia en torno a un programa de modernización de la nación, la paulatina erosión de las viejas identidades políticas y las necesidades de una dinámica lucha por el poder entre grupos que ya no respondían a esas viejas divisiones dieron lugar a realineamientos que produjeron un sistema de facciones[201] conformado por la alianza de dirigencias provinciales, que fueron la matriz básica del orden oligárquico. Para estudiar el proceso de conformación de estas configuraciones, vemos como trasfondo el desarrollo de los mecanismos políticos en la etapa de confrontación entre Buenos Aires y la Confederación, y repasamos la vida política en la era de Mitre, para poner luego el acento en el proceso de sucesión presidencial de 1868, y cómo en él se van desarrollando los nuevos alineamientos que irán dando forma al orden político oligárquico.

---

[201]   Vale la pena aclarar que utilizo en general el término *facción*, en buena medida en consonancia con el uso de época, para referirme a un sector cuya identidad se basa en afinidades familiares, personales o alianzas circunstanciales. Por contraste, el partido, aunque de límites imprecisos, tiende a contener elementos ideológicos, programáticos o de tradiciones políticas. Por ello, la confrontación facciosa, que puede en ocasiones ser tanto o más brutal que la partidaria, carecía del estatuto de legitimidad de la lucha entre partidos. Es mi hipótesis que las configuraciones políticas a partir de la década de 1870 tienden a carecer en general de referencias significativas en términos de ideología, programa, tradición o sensibilidad política, y después de 1880, incluso tiende a diluirse la confrontación Buenos Aires/provincias. En este contexto, se constituyen "partidos" cuya diferenciación de contenidos es muy escueta, salvo, claro, en casos como los sectores católicos desde la década de 1880, o el socialismo en los años 1890.

1. Antecedentes: el surgimiento de los mecanismos de la política en los años 1850-1860

La derrota de Rosas en Caseros encontró un país maduro para la organización nacional. Aunque aún es necesario mirar con detenimiento la situación en cada una de las provincias, existen sobrados indicios de que concluida la contienda civil de 1840-1841, el clima político había ido cambiando en la mayoría de ellas, socavando los pilares del caudillismo clásico de la primera mitad del siglo.

En esencia, este se había basado en una compleja amalgama entre la preservación del orden sociopolítico tradicional y la adopción de rasgos democrático-republicanos emergentes del proceso revolucionario y de las guerras civiles. Florecieron así formas populistas/paternalistas, que sin dejar de lado las relaciones deferenciales de las sociedades de antiguo régimen, exaltaron los derechos del pueblo minuto, en un contexto que aúna la protección consuetudinaria del débil con la exaltación del pueblo soberano y la reivindicación de los servicios militares prestados a la patria. Bajo el manto de un sistema institucional híbrido,[202] o con rasgos preponderantemente republicanos (Myers, 1995), el poder tendió a concentrarse en la figura de un caudillo que las más de las veces ocupaba el cargo de gobernador provincial, y con frecuencia recibía de la legislatura facultades extraordinarias.[203]

Pero el rasgo nodal de este sistema de poder era la capacidad del caudillo para movilizar sectores rurales, especialmente los menos favorecidos, que habían atravesado la experiencia de militarización de las guerras de independencia. Así, aunque en el Río de la Plata el poder

---

[202]   Su expresión más acabada es la Constitución provincial de Santa Fe de 1819.

[203]   Sobre la naturaleza de estas facultades, véase Chiaramonte (2010).

siguió siendo ejercido por integrantes de las viejas elites coloniales, sus bases eran radicalmente diferentes (Ayrolo y Míguez, 2012). El apoyo popular rural –la barbarización del poder, según la formula sarmientina– fue una clave determinante del orden político en la mayoría de las provincias.

Es precisamente este rasgo el que parece debilitarse en la década de 1840. En varias provincias –San Luis, San Juan, Santiago del Estero, Tucumán– regresaron emigrados unitarios y ocuparon lugares en las administraciones provinciales. En otras (Córdoba, Corrientes, Salta) los caudillos coexistían con elites urbanas que mantenían parte de su viejo poder. En Buenos Aires, la desmovilización rural de la segunda mitad de los años cuarenta había asentado las bases del rosismo en una elite en buena medida urbana. Caído el gobernador, esta renegoció su lugar con los emigrados que regresaban, sin tener que hacer frente (o sin apelar) a la movilización popular. Así las cosas, los gobernadores que Urquiza reunió en San Nicolás en 1852, respaldados por viejas dirigencias más que por sectores rurales subalternos, estaban relativamente bien dispuestos a adoptar el programa de reformas que debía llevar a la organización de un estado nacional basado en el liberalismo republicano.

Urquiza encabezó entusiasta este programa, cuyos lineamientos generales, como se sabe, habían sido sintetizados por Alberdi en las *Bases*.[204] Las inevitables conmociones políticas que el nuevo contexto creó en varias provincias no hicieron más que consolidar el proceso, incrementando el protagonismo de las elites reformistas. Como le recordara en una carta a Mitre años más tarde, Urquiza se esforzó por mantener las paz, guiando lo que hoy llamaríamos un ciclo de transición en las trece provincias que aceptaron

---

[204]   Sobre la Confederación como experiencia organizativa de un estado nacional, véase Lanteri (2011 y en prensa).

su conducción, que aunque conflictivo, fue relativamente exitoso.[205]

Esa situación desubicó de notable manera a la elite porteña (y sus allegados provenientes del interior) de tradición antirrosista. Ella se había entrenado en una forma de política antagónica, en la que al menos en el discurso, las bases ideológicas y programáticas definían y tendían a cohesionar internamente a los bandos. Aunque esta imagen no fuera totalmente exacta, hasta la caída de Rosas era factible practicar la política como si lo fuera. Existían partidos naturales, separados por ideas, proyectos, culturas diferentes, y aunque pudieran existir disensiones internas en ellos, desacuerdos en cuanto a tácticas y estrategias, o a hombres y circunstancias, en última instancia, amigos y enemigos eran en principio identificables.

Caseros, San Nicolás y la Constitución de Santa Fe pusieron en entredicho este esquema. Al recibir las ideas reformistas un enorme consenso, más allá de algunas significativas diferencias que, de todas maneras, no fueron la raíz del faccionalismo (Halperin Donghi, 1995), las bases del antagonismo político tendieron a desdibujarse. Sin embargo, las elites ilustradas porteñas (o aporteñadas) preservaron discursivamente la fórmula de legitimidad que conocían.

La trayectoria de Sarmiento en estos años es elocuente. Si en *Argirópolis* ensalzaba a Urquiza como el posible libertador de una naciente Argentina, poco más tarde, en

---

[205]   Urquiza a Mitre, 24 de mayo de 1868, en *Archivo del General Mitre,* t. I, Buenos Aires, La Nación, 1911, pp. 98-104 (en adelante, AM); también en Taboada, Gaspar, *Los Taboada,* t. V, Buenos Aires, Imprenta López, 1950, p. 323 y ss. (en adelante, LT) y en Del Carril, Bonifacio, *La combinación política Urquiza-Alsina en las elecciones de 1868,* Buenos Aires, Instituto de la Organización Nacional, 1982, pp. 157-164.Véase también Urquiza a Zarco, 13 de agosto de 1869, en Archivo General de la Nación, Sala VII, Archivo Victorica (en adelante AV), Legajo 3142, doc. sin número, hay varias copias a máquina del documento en el legajo.

su *Campaña en el Ejército Grande,* lo denostaba como el continuador de Rosas. Más allá de algún argumento poco sustantivo, como la reimposición del cintillo punzó,[206] el propio relato hace evidente que el gran pecado del entrerriano fue no dar al sanjuanino el lugar que este creía tener derecho a ocupar en el nuevo esquema de cosas.

La relación de Sarmiento con Alberdi es igualmente elocuente. Poco después de la publicación de *Bases,* en carta a Mitre muestra gran entusiasmo por el texto: "Alberdi ha puesto la zapa en todo al sistema colonial, aldeano, ignorante, godo, rudo de las constituciones de esta parte de la América hace medio siglo. Yo adhiero al pensamiento formulado por Alberdi"; y le recomienda a su interlocutor que "sostenga las ideas de Alberdi que son las de todo americano que tenga ojos; que son las que triunfaran en despecho de cuantas necedades en contrario hagan".[207] Pero cuando desoyendo sus sugerencias, el tucumano se aproximó a Urquiza, Sarmiento adoptó un tono admonitorio, como se ve en la dedicatoria de *Campaña en el Ejército Grande.* En él, Alberdi es todavía visto como un equivocado que naturalmente pertenece al campo de los justos, y a él regresará cuando enmiende su error.

Sin embargo, la continuidad de su militancia en el bando urquicista y el creciente abandono de Sarmiento de una pretendida neutralidad harán que tanto él como Mitre (que lejos de ser neutral, era uno de los más fervientes porteñistas) terminen ubicándolo en las filas enemigas. El giro debía acompañarse por una descalificación de las *Bases.* La operación, sin embargo, requería de algo más sólido

---

[206] Resulta bastante evidente, y seguramente también lo era entonces, que esta medida, efímera y aplicada con poco rigor –como se ve en el relato del propio Sarmiento– fue un instrumento en la búsqueda de la dilución de la diferenciación entre vencedores y vencidos.

[207] Del 9 de julio de 1852, citada en Campobassi, José S., *Sarmiento y Mitre. Hombres de Mayo y Caseros,* Buenos Aires, Losada, 1962, p. 35.

que la chicana que utilizara Sarmiento contra Urquiza en *Campaña.* Cuánto hay en la confrontación subsiguiente de lucha política, cuánto de celos intelectuales y cuánto de auténtica diferenciación de ideas es algo delicado de dilucidar. Pero es evidente que el tono descalificador que ella adopta se vincula prioritariamente con la primera, y con las formas que esta transitaba habitualmente.[208]

La ruptura entre la Confederación y Buenos Aires facilitó a los sectores dirigentes de la última a retener las formas de un discurso maniqueo como fuente de legitimidad. Hasta qué punto realmente creían en él es algo incierto. Una carta de Carlos Tejedor a Benito Gonzáles (de Mendoza) de 1852 revela una actitud más matizada, a la vez que el rechazo de la elite política porteña a subordinarse al predominio de Urquiza:

> Veo que Ud sigue muy constitucionalista y urquicista, a juzgarle por su carta y no lo extraño. Ud. ha visto el peligro tan de cerca como nosotros, y una constitución, aunque sea con Urquiza, no deja de ser algo. Pero mi amigo, ustedes no deben extrañar que buenos Aires después del triunfo, este más remitente para aceptar semejantes cosas, y que la organización por consiguiente sea imposible incluyendo a Buenos Aires y a Urquiza, y su congreso y su constitución. La escisión es insalvable mientras permanezcan en pié estos elementos. En este estado y delante de una negociación que sería impotente porque no tendría sobre que estribar, o de una guerra general que rompiese el nudo gordiano pero que no queremos más, la opinión pública y el gobierno de Buenos Aires están inclinados a ocuparse sólo de sus intereses particulares. Política mezquina, funesta para el porvenir, si Ud. quiere. Pero la única cuya elección nos deja la situación, y de que no tenemos por otra parte la culpa. En las negociaciones pasadas la concesiones todas han estado

---

[208]   Hay mucha bibliografía sobre la polémica Sarmiento-Alberdi. Véase, por ejemplo, Botana (1984, segunda parte); en la p. 340 se referencian los textos que constituyen la polémica.

de nuestro lado, al mismo tiempo que Urquiza, o mejor dicho, sus consejeros no cedieron un ápice.[209]

Pero lo cierto es que al no convivir en un sistema político unificado, y apelar regularmente a formas militarizadas de confrontación, las bases de legitimidad podían seguir recayendo en un supuesto antagonismo programático. El faccionalismo interno podía ser parcialmente amortiguado por la lucha contra un enemigo común. Cepeda comienza a poner fin a esta situación. La forzada adopción de la Constitución de 1853 por Buenos Aires pone en evidencia que las distancias institucionales entre ambos estados son, por cierto, escuetas, y en su mayoría, de carácter más pragmático que programático.

Las reformas propuestas por la convención de 1860 son elocuentes al respecto (Leo y Gallo, en prensa). Quizá lo es aún más el diálogo que Mitre inicia con Urquiza en la época. Forzados a convivir bajo la misma bandera, la proximidad de los anhelos de consolidar una moderna nación bajo los signos del liberalismo entonces mundialmente hegemónico –o en avanzado camino de serlo– se hace inocultable, tanto como la irrenunciable vocación hegemónica de la elite política de Buenos Aires y la profunda desconfianza y el resentimiento entre ella y muchas dirigencias políticas del interior (De Gandía, 1977). Una reedición en San Juan de las confrontaciones facciosas con estridencias de la vieja lucha de Unitarios y Federales ofreció la oportunidad de volver a adoptar en la escena pública el clásico lenguaje guerrero. En la provincia andina, una facción minoritaria pero no débil, de tradición antirrosista, instigada (¿y financiada?) desde Buenos Aires con la activa participación de Sarmiento, intentó reiteradamente, con variada suerte, tomar control de la provincia, pese a los

---

[209] Citada en Bragoni, Beatriz, *Los hijos de la Revolución,* Buenos Aires, Taurus, 1999, pp. 251 y 252.

renovados esfuerzos del líder Federal, el "caudillo manso" Nazario Benavides, por cooptar a los integrantes de ese sector. Eventualmente, en 1858, Benavides pagó con la vida su fracaso, sin que ello pusiera fin a la turbulencia sanjuanina. En 1860, fue asesinado José Antonio Virasoro (interventor federal nativo de Corrientes, que se había hecho designar gobernador), y en 1861, fusilado Antonino Aberastain, amigo de Sarmiento vinculado a la revuelta que dio muerte a Virasoro. Aberastain había asumido la gobernación por el bando favorable a los porteños. La orden de ejecución fue dada por Francisco Clavero, coronel en las fuerzas de Juan Saa, gobernador de San Luís que comandó la intervención contra Aberastain decretada por Derqui. [210]

A este *casus belis,* se sumaron otras confrontaciones en las provincias entre facciones o gobiernos apoyados y financiados desde Buenos Aires y sectores favorables a Urquiza o Derqui (Sommariva, 1929), y el rechazo de los diputados de Buenos Aires que debían ser incorporados a la cámara baja, en razón de no haberse aplicado la legislación nacional en su elección. El rechazo dio lugar a una puja de vanidades, en la que la Cámara de Diputados nacional exigía que se repitiera la elección, y la provincia se negaba a hacerlo. Con estos antecedentes y la instigación de una fervorosa prensa facciosa de ambas partes, la situación evolucionó hacia una nueva confrontación militar. Fue en este contexto donde los máximos líderes de los bandos, Urquiza (gobernador de Entre Ríos y comandante del ejército de la Confederación Argentina) y Mitre (gobernador de Buenos Aires), negociaron un posible acuerdo de paz, ante el escepticismo o la abierta oposición de muchos en sus respectivos bandos. La promoción por parte de Derqui de Juan Saa al grado de general, como parte del preparativo bélico, fue vista en Buenos Aires como una

---

[210]   Véase al respecto Sommariva (1929: t. I, cap. 2).

afrenta adicional. Los posibles términos de paz rondaban en torno a una postergación del ingreso de Buenos Aires a la Confederación, y una negociación sobre la parte de los ingresos de la aduana de Buenos Aires que debían girarse al gobierno nacional y que los porteños más fanáticos tildaban de "tributo".

Las luchas por la hegemonía y por la caja aduanera volvieron así a teñirse del color de la confrontación de principios. Hasta qué punto, sin embargo, ese diálogo privado entre las figuras más notorias de ambos bandos y las coincidencias que en él se perciben respecto del proyecto de nación jugaron un papel significativo en la solución de la disidencia después de Pavón (y quizás en el decurso de la misma batalla) es algo que, además de intuirse por el desarrollo de los acontecimientos, está tácitamente presente en la posterior correspondencia entre ellos.[211]

2. La era de Mitre

Aun así, al igual que la caída de Rosas había arrasado, de una u otra forma, con casi todas las situaciones provinciales, lo mismo se repitió cuando Derqui y el Congreso de Paraná sucumbieron al empuje porteño. Aunque Mitre pretendía limitar su injerencia en las situaciones provinciales a un conjunto de casos ineludibles (las conflictivas San Juan y San Luis, gobernada por el odiado Saa, y las estratégicas Santa Fe y Córdoba[212]), salvo su propia provincia, Entre Ríos y Jujuy, todas las demás tuvieron cambios de

---

[211]   *Archivo del General Mitre,* Buenos Aires, La Nación, 1911, t. X, pp. 35 y ss. (en adelante, AM).

[212]   Ibídem. Véase también la carta a Manuel Ocampo del 22 de octubre de 1862, en que Mitre da una versión no contradictoria, pero sí menos benevolente, de su proyecto que la que le comunica a Urquiza.

autoridades. Cabe, sin embargo, detenerse un momento en la lógica de este proceso.

Santiago del Estero era dominada por una facción caudillesca aliada a los liberales de Buenos Aires, dirigida por los hermanos Manuel y Antonino Taboada y su primo Absalón Ibarra, desde la muerte del padre de Absalón, el caudillo federal Juan Felipe Ibarra. En la coyuntura de 1860 a 1862, se había producido una disputa por el poder con la injerencia de los vecinos tucumanos y del gobierno de Derqui, receloso de la proximidad de los caudillos santiagueños a Buenos Aires. Los Taboada aprovecharon Pavón para recuperar su dominio y establecer una prolongada alianza con Mitre.

En San Luis y La Rioja, la situación fue definida por la acción de las tropas federales ante la resistencia de Juan Saa y Ángel Vicente Peñaloza (el Chacho) a la nueva situación nacional. Peñaloza protagonizó así su enésimo levantamiento contra Federales o Unitarios por igual. Después de participar en las guerras de 1840 en el bando antirrosista, invadió San Juan y otras provincias en 1842-1843. Perdonado por Benavides, se radicó en 1845 en San Juan, desde donde apoyó una revuelta contra el gobernador Tello (Federal) de La Rioja al año siguiente. Ya regresado a su provincia, derrocó al gobernador Vicente Mota (Federal) en 1848, apoyando su reemplazo por Manuel Vicente Bustos. En 1860, siendo Bustos nuevamente gobernador, lo derrocó, actuando después brevemente el propio Peñaloza como interventor federal designado por Derqui (único momento en que se hizo cargo, por muy breve lapso, del gobierno riojano). Su sucesor fue Domingo Antonio Villafañe, a quien el Chacho también intentó desplazar después de Pavón, antes de ser derrotado por las fuerzas nacionales. Su última rebelión en 1863 llevó a la renuncia del reemplazante de Villafañe, Francisco Solano Gómez (quien ya había cumplido un período completo entre 1854 y 1857), y terminó con el asesinato del caudillo llanista. Esta secuencia, que tiene paralelos en otras provincias, muestra que más allá de definiciones como Unitarios o Federales, la inestabilidad política y el faccionalismo eran endémicos y las adscripciones partidarias, lábiles.

En varias provincias, como Salta, Tucumán, Catamarca, Mendoza y Corrientes, el cambio de coyuntura nacional fue aprovechado por facciones locales para volcar, de manera más violenta o pacífica, según el caso, y a veces con influencia de provincias vecinas (por ejemplo, los Taboada en Tucumán y Catamarca), la situación a favor de una facción que asumía la identidad mitrista, y que en general tenía raíces unitarias. Así, ese "pintar todo el país de un solo color" con que se ha caracterizado la era de Mitre, más que el resultado de una acción centralizada desde el gobierno o de la acción de un partido nacional, fue el resultado de un alineamiento de las situaciones provinciales con la coyuntura nacional, emergente de la dinámica propia de cada una de las provincias, incorporando la influencia de las vecinas y el peso, por acción directa o potencial, de la situación nacional.[213]

Este análisis sugiere que el acento puesto por la historiografía en la confrontación entre Federales y Liberales merece cierta reconsideración. Detengámonos un momento en las denominaciones. Hemos ya señalado que desde el punto de vista doctrinario, el liberalismo decimonónico había permeado en gran medida el pensamiento político de los sectores dominantes rioplatenses, más allá de adscripciones partidarias. Otro tanto puede decirse del

---

[213]   Aunque la presencia de un gobierno central fuera nueva desde 1853, la dialéctica entre el juego político local, el regional –en el que participan las provincias vecinas– y las injerencias "nacionales", con proyectos como la llamada "Liga Unitaria" comandada por José María Paz, o la influencia de Rosas, etc., fue una constante desde el mismo momento de la revolución.

federalismo. La misma Constitución de Buenos Aires de 1854 decía en su artículo 171: "El estado de Buenos Aires no se reunirá al Congreso General, sino bajo la base de la forma federal, y con la reserva de revisar y aceptar libremente la Constitución General que se diere", y ya nadie imaginaba otra forma de gobierno. Por lo tanto, Liberal y Federal eran nombres de partido sin contenido filosófico o institucional diferenciador.

Por otro lado, no pocos viejos unitarios, incluyendo nada menos que al vicepresidente de Urquiza, Salvador María del Carril, y a su ministro y sucesor, Santiago Derqui, tuvieron destacada actuación en los gobiernos "Federales", y lo opuesto tampoco es excepcional, como en el caso del ministro de Relaciones Exteriores y presunto sucesor de Mitre, Santiago de Elizalde, que había actuado en la legislatura rosista. Así, si bien la alusión a las denominaciones del viejo faccionalismo de la etapa rosista siguió en ocasiones vigente en el horizonte de referencias (De la Fuente, 2007), como también la denominación Federal aplicada a algunas facciones provinciales que reconocían el liderazgo nacional de Urquiza, resulta abusivo suponer una continuidad entre los viejos Unitarios[214] y los nuevos Liberales, o entre los Federales anteriores a 1852 y quienes son identificados con ese rótulo (por otros o por ellos mismos) en la etapa constitucional.

Sin embargo, *"old habits die hard".* En los16 años que van desde la caída de Rosas hasta el triunfo de Sarmiento en las elecciones de 1868, como hemos visto y veremos,

---

[214]   Incluyendo a otros sectores antirrosistas, como la Nueva Generación, los Federales Doctrinarios, etc. Véase Zubizarreta (2012). Este interesante texto refleja las dificultades en definir los grupos partidarios, y aunque discute el tema, no nos ofrece un criterio preciso de delimitación que, sin embargo, debe haber utilizado para el ejercicio prosopográfico al que alude en su sección final y que lamentablemente no presenta de manera sistemática en el texto.

muchos actores apelaron al viejo esquema de pasiones para fundamentar sus opciones, y no hay razón para dudar que lo hicieron en buena medida con sinceridad. Vale decir, en esa larga etapa las denominaciones "Liberal" y "Federal" designaban, por un lado, a agrupaciones sin más diferenciaciones identitarias, programáticas o ideológicas que aquellas que caracterizarían las luchas facciosas posteriores. Pero por otro lado, seguían vigentes las pasiones que hacían de las luchas del pasado una carga presente que daba sentido a las duras confrontaciones políticas de aquellos años que se expresaban en esas denominaciones.

La evolución de la situación desde 1862, sin embargo, llevó a que estos alineamientos tuvieran lugar en un contexto novedoso. Al reconocer Mitre la continuidad de la Constitución de 1853-1860, rechazar las tendencias aislacionistas que pululaban en Buenos Aires, evitar reiniciar el conflicto frontal con Urquiza (preconizado, entre otros, por Sarmiento) y moderar hasta cierto punto lo vocación avasalladora de algunos de sus comprovincianos, se desdibujó en los hechos aquella dramática divisoria de aguas que el rosismo había cultivado, y de la cual se había servido Buenos Aires en su confrontación hegemonista con Urquiza. Vale decir que la confrontación entre partidos, aun cuando apelaba a un marco referencial antagonizante, se daba en el contexto de un sistema institucional compartido, algo que no ocurría desde mucho tiempo atrás.

Esto no implicó en absoluto una disminución de las confrontaciones en el espacio de cada provincia o región, pero proponía una forma diferente de hacer política. Al respecto, hay un crucial punto de articulación entre lo que especifican las instituciones y la forma en que esto es asumido, interpretado, por las sociedades, que define un sistema político. Desde la norma institucional, el principio de soberanía popular (expresada a través del voto) y de las

libertades civiles y políticas estaba claramente establecido.
Estas normas, sin embargo, chocaban con dos problemas.
Por un lado, la interpretación sobre la forma en la
que debían hacerse efectivas. Los mecanismos prácticos
de la democracia no estaban definidos con precisión en
el imaginario de los sectores dirigentes en esta etapa. Un
punto clave se refiere a la competencia electoral. En los
inicios de la democracia republicana moderna, la idea de
partido presentó problemas. Se pensaba que grupos de
interés o facciosos interferirían con el buen funcionamiento
democrático.[215] A esto se contraponía la idea de una "opinión común" que daría peso a los hombres de principios
y saber. En el Río de la Plata, más allá de las prácticas facciosas, esta idea estuvo presente en las primeras décadas
posteriores a la revolución,[216] para ser reemplazada luego
por la concepción unanimista del período de Rosas, que
excluía la disidencia, nociva al orden social (Ternavasio,
2002). Si bien después de la caída de Rosas la experiencia
democrática en el mundo más avanzado dejaba ya en claro
el papel de los partidos, subsistían ambigüedades sobre la
legitimidad de su conformación. En la famosa carta a José
María Gutiérrez del 28 de noviembre de 1867, publicada más
tarde en *La Nación,* conocida como "Testamento político de
Tuyú Cue",[217] un referente intelectual como Mitre, a la vez
que se definía como hombre de su partido, revelaba ambi-
valencias para aceptar el juego de los diferentes sectores.
Más enfático aun era Urquiza en su condena al espíritu de
partido, fundamentándolo, significativamente, con una cita
de George Washington.[218] Y en la medida que los partidos
fueron cobrando realidad como instrumentos electorales

---

[215]   Véase Hamilton, Madison y Jay (1994), por ejemplo, capítulo 10.
[216]   Véase una adecuada discusión del punto en Zubizarreta (2012).
[217]   AM, t. I, pp. 25-33. También en Del Carril, *op. cit.,* pp. 41-51.
[218]   Urquiza a Mitre, 24 de mayo de 1868, *op. cit.;* la cita de Washington está
en la p. 100.

(en especial, desde 1870), fue creciendo la desazón por su carácter personalista, inorgánico, su carencia de programa y de estructura institucional.

La dificultad en reconocer el libre juego de los partidos como parte de la vida democrática se debía en buena medida al otro problema que aludimos: la ausencia de un consenso entre los actores políticos sobre una manera satisfactoria para dirimir legítimamente las ambiciones políticas. Desde luego, las elecciones eran la vía aceptada. El voto operaba como mecanismo de legitimación entre los sectores encumbrados, sea tanto políticos como intelectuales. Pero las elecciones eran insuficientes para evitar los conflictos. No podía ser de otra manera si los principales actores no parecían considerar seriamente que apelar al conjunto de los que eran nominalmente definidos como ciudadanos fuera la forma de dirimir las luchas por los cargos de gobierno. Una carta a Mitre de Francisco Pico de 1868 pone en blanco sobre negro el argumento:

> Es preciso sostener y alentar el partido civilizado, que no es tan diminuto como Ud. cree, pues se compone de todos los hombres ilustrados, de todos los hombres de fortuna, de todos los que tienen una posición social digna, y los que desean el orden. Puede ser que sean en menor número que los guasos y viciosos; pero esto sucede en todas nuestras provincias, y aún en Buenos Aires mismo, y no por eso debe ser abandonado y entregado a discreción del mal elemento.[219]

Esta frase, como la frecuente apelación al "verdadero pueblo", revelan la continuidad de una idea restrictiva de ciudadanía en línea con lo que Alberdi llamaba "república posible"; una legitimidad que emanaba no del número,

---

[219]   Francisco Pico a Bartolomé Mitre, en AM, I, p. 168. Cabe recordar que Pico, de vieja militancia Unitaria, en 1852 apoyó el acuerdo de San Nicolás y al gobierno de V. López y Planes, antes de pasarse al mitrismo, y que más tarde fue ministro de Santiago Derqui.

sino de la calidad: "Las elecciones no se resolvían por la suma de votos, sino por la suma de voluntades"[220], y desde luego, esas voluntades, esa "opinión", como la llamaba Mitre, era solo la de los sectores sociales encumbrados. El problema no emergía de los sectores que así quedaban excluidos de la participación política, que en esta etapa tendieron a aceptar su subordinación callada a los sectores gobernantes,[221] sino del hecho de que al no existir una apelación al pueblo soberano, las luchas facciosas solo podían resolverse "de hecho", imponiéndose por la fuerza de la manipulación electoral, por la fuerza de una asonada, o por la fuerza de las armas.

En esto, en realidad, la situación no variaba demasiado en las provincias respecto de la etapa anterior a Pavón, salvo por la presencia en aquel momento de la disidencia porteña y sus intrigas, y la pobreza del gobierno federal. Ya antes de 1861 la vida política provinciana estuvo jalonada por constantes confrontaciones entre facciones, que solo en ocasiones se alineaban según las viejas adscripciones partidarias de Unitarios y Federales. Por su parte, un gobierno confederal carente de recursos, si bien muñido legalmente de facultades de intervención más poderosas de las que conservaría después de la reforma de 1860, utilizaba con frecuencia estas facultades como forma de mediación entre las facciones opuestas (aunque no faltaron ocasiones en que sus agentes desarrollaban un juego político autónomo).

El predominio porteño no cambió las cosas. Desde el punto de vista jurídico, Mitre intentó ser muy cuidadoso en la definición de las intervenciones federales, atento a las reformas constitucionales propuestas por la convención

---

[220]   Del Carril, *op. cit.*, p. 17.
[221]   No siempre, claro. Ya haremos alusión a algunas situaciones en que no fue así.

porteña de 1860.[222] En la práctica, las fuerzas (y debilidades) de las circunstancias fueron definiendo el accionar del gobierno federal y su limitada capacidad de mantener los alineamientos provinciales.

En Buenos Aires, la tensión entre las facciones del propio partido presidencial (Liberal) se agudizaron por la pretensión de Mitre de capitalizar la ciudad. La idea fue rechazada por la Legislatura, poniendo en práctica la precaución que los mismos porteños habían adoptado en la convención de 1860, y el incidente consolidó la posición de la facción opuesta a Mitre, liderada ahora claramente por Adolfo Alsina, que adquirió el mote de autonomista. Los leales a Mitre recibieron el de Nacionalistas, con el que se identificarían hasta los años 1870, pero, como veremos más adelante, esto no fue interpretado como una división del Partido Liberal. La provincia fue gobernada por Mariano Saavedra, que intentó mantener distancia respecto de la lucha facciosa del liberalismo, y al concluir su mandato, abrió las puertas para que el propio Alsina llegara a la gobernación. Los sectores del Liberalismo adictos a Mitre no recuperarían el gobierno provincial hasta la década de 1890.

En Córdoba también se fracturó el Liberalismo, y los agudos conflictos entre las facciones no pudieron ser controlados por el gobierno central. Es patente la dolida carta de Mitre a su presunto correligionario Justiniano Posse de mayo de 1862:

> Le aseguro a Ud que cuando veo algunas de las cosas que pasan, cuando veo que en vez de la decidida cooperación de todos los amigos a favor de la difícil obra que tengo entre manos, parece que ellos solo me dejaran en la tarea de remover las dificultades creando sin quererlo y sin saberlo otras dificultades nuevas a la incorporación de Buenos Aires al resto de la República, me dan impulsos de ponerme al frente

---

[222]   Sommariva (1929), capítulos IV a VIII, *passim*.

> del partido de esa provincia, que solo necesita una cabeza y
> una voluntad para cortar el último y único nudo que le ata a
> la nacionalidad argentina, y que yo procuro fortalecer. Pero
> pueden más en mi los impulsos y las tranquilas convicciones
> del patriotismo, y me decido a perseverar hasta el fin en mi
> obra, con la esperanza de que nuevas dificultades no vengan
> a imposibilitarla, ó por lo menos, a hacer perder la fe que
> alentaba á todos los corazones.[223]

Tres años más tarde, el gobernador Roque Ferreyra
solicitó una intervención federal para apoyar su poder,
debilitado por ser responsabilizado de la ejecución *in situ*
de su predecesor, precisamente Posse, comprometido en
una fracasada revolución. Llevó a cabo la intervención el
propio ministro del Interior, Guillermo Rawson, y aunque
Ferreyra pertenecía a la facción teóricamente más cercana
al gobierno nacional, Rawson no pudo lograr su renuncia,
como pretendía, y se retiró de la provincia fracasado. Poco
después, el gobernador debió alejarse y la provincia quedó
en manos de un supuesto Federal, Mateo Luque.

En Salta, la maniobra continuista de un aliado del mitrismo, Juan N. Uriburu, dio lugar a un complejo proceso
local que terminó dejando el gobierno en manos de la
facción Constitucionalista, identificada como Federal. Los
Taboada amagaron intervenir, pero el gobierno nacional
prefirió no avalar esa posibilidad, en una situación confusa
y comprometedora.

Promediando la presidencia de Mitre, la guerra del
Paraguay y los reclutamientos a que esta dio lugar reavi-
varon el descontento de lo que podríamos denominar el
Federalismo Popular, basado en una sensibilidad y sim-
bología propias, una "estructura de sentimientos" y una
defensa del orden social tradicional.[224] Si bien sus líderes no

---

[223]   AM, t. X, p. 212.
[224]   Brillantemente retratado por De la Fuente (2007).

pertenecían a la plebe rural, su poder partía de la capacidad de liderar su movilización, promovida por el descontento generado por los reclutamientos, por lo que percibían como el desarrollo de un contexto político contrario a esa sensibilidad y que ellos calificaban como "Unitario", y quizá porque la guerra había devenido en una forma complementaria de vida para algunos sectores campesinos en las austeras tierras del Oeste.[225]

Este Federalismo Popular, que se había manifestado como reacción al triunfo mitrista en 1861 y 1863, guiado por Peñaloza, y más tarde contra la guerra paraguaya, liderado por Francisco Clavero (Mendoza), Juan Saa (San Luis) y Felipe Varela (La Rioja), aunque invocaba una identidad Federal, no fue asumido como propio por los sectores que con ese nombre aspiraban a integrarse en el juego político del nuevo estado en formación, en primer lugar, el propio Urquiza. Este, sin embargo, propiciaba formas de controlar sus movilizaciones menos avasallantes que las facciones liberales, especialmente porteñas. Así lo destacaba unos años más tarde en la carta indirectamente dirigida a Lucio Mansilla, en referencia a la dura represión en La Rioja después de los levantamientos de Peñaloza y Varela.[226]

La represión a la que hacía referencia Urquiza, llevada a cabo, vale aclararlo, por el gobierno de Mitre, no le había resultado a este productiva desde el punto de vista de sus alianzas provinciales. Si en Catamarca Taboada pudo volcar la situación a favor del mitrismo tras derrotar a los montoneros que habían alterado las situaciones provinciales, en La Rioja, Córdoba, San Luis, San Juan y Mendoza los procesos desencadenados terminaron favoreciendo a Sarmiento. Si en La Rioja agentes externos parecen haber jugado un rol importante, en Cuyo la propia dinámica de

---

[225]   Ayrolo y Míguez (2012).
[226]   Urquiza a Zarco, 13 de agosto de 1869, *cit.*

la lucha facciosa dentro de la elite Liberal, avivada por el levantamiento montonero, terminó por volcar la situación a favor de sectores no mitristas. Lo inverso ocurrió en Tucumán (no afectada por los levantamientos), ya que un sector presuntamente cercano a Sarmiento fue desplazado por un golpe de estado, con apoyo de los Taboada, que acercó la provincia al mitrismo.[227]

3. La elecciones de 1868 y los reacomodamientos en las alineaciones políticas

Dolido, José Lezama le escribía a Benjamín Victorica[228] días antes de las elecciones presidenciales del 12 de abril de 1868: "He resuelto, mi querido doctor, no ocuparme más del asunto de la candidatura presidencial". Y más adelante: "Yo estoy bien en el terreno del trabajo, y mal en el terreno de la política porque no tengo la capacidad necesaria para luchar en el laberinto de las pasiones que aceptan todos los medios siempre que ellos respondan a los propósitos en lucha". Había estado trabajando, con la venia de su corresponsal y mentor, a favor de la candidatura de Rufino de Elizalde, escribiendo cartas a su sobrino José María Zuviría, a Mariano Fragueiro y otras personas de Córdoba, a su paisano Pedro Uriburu de Tucumán, y otras personas de Salta, solo para enterarse de que Urquiza (a quien Lezama declama permanentemente su apoyo), aliado con Alsina, reasumía su candidatura.[229]

Días antes, el mismo Rufino de Elizalde había escrito a Victorica agradeciéndole que le hiciera saber a través

---

[227]   Analizo con mayor detenimiento este proceso en Míguez (en prensa).
[228]   Yerno y principal operador político de Urquiza, senador por Entre Ríos.
[229]   Lezama a Victorica, 27 de marzo de 1868, en AV, Le. 3141, doc. 2942. Lezama declaraba su lealtad a Urquiza, a la vez que su desconcierto.

de Lezama el apoyo a su candidatura, e insinuándole que esperaba un pronunciamiento de Urquiza.[230] Y desde enero a marzo, el ministro de Mitre le escribía a Manuel Taboada augurándole el renunciamiento del ex presidente en apoyo a su candidatura.[231] El propio Taboada le había escrito a Urquiza al respecto.[232] Consolado por su referente político, Lezama seguiría trabajando como agente de Victorica y Urquiza, como se aprecia en la correspondencia subsiguiente entre ellos, aunque seguía propiciando a Elizalde,[233] quien le comunicaba a Taboada que Lezama lo seguía apoyando, pese a la combinación (que él consideraba destinada a fracasar) entre Urquiza y Alsina.

¿Puede sacarse algo en limpio de esta maraña –que es, por cierto, mucho más compleja que la breve información que aquí podemos volcar– de intrigas electorales que provocaban el declarado desconcierto y la autohumillación de Lezama? Recapitulemos sobre el proceso electoral antes de intentarlo.[234]

Aunque fueron varios los nombres que circularon en la construcción de candidaturas, solo cuatro lograron consolidarse. De entre ellos, Urquiza fue el último en proclamarse, y su trayectoria es enigmática. El ex presidente podía contar con los votos de su provincia y la de Corrientes, y muy probablemente los de Salta. Una importante facción lo apoyaba en Santa Fe, pero no controlaba en ese momento la provincia. Debía haber elecciones para gobernador antes

---

230   Elizalde a Victorica, 11 de marzo de 1868, en AV, Leg. 3141, doc. 3061.
231   LT, t. V, pp. 244 (16 de enero), 250 (22 de enero), 253 (29 de enero), 273 (17 de marzo), 276 (1 de abril) (en la que niega el acuerdo Alsina-Urquiza), hasta que finalmente el 1 de abril de 1868, p. 277 y ss., ya reconoce que Urquiza irá por su propia candidatura.
232   Ibíd., pp. 269-270, 11 de marzo de 1868.
233   Lezama a Victorica, 5 de abril de 1868, en AV, leg. 3141, doc. 2945 y ss.
234   Me concentraré aquí sobre lo que podríamos llamar acción partidaria; en Míguez (en prensa), he puesto más atención en los alineamientos provinciales.

de abril de 1868 (fecha de la elección de electores), y sus partidarios, guiados por Simón de Iriondo y Mariano Cabal, tendrían buenas chances de conquistar la provincia si el gobernador en ejercicio, Nicasio Oroño, no lograba imponer a su sucesor en la manipulación electoral. Para evitar que esto ocurriera, los partidarios de Iriondo dieron un golpe de estado contra el debilitado gobierno de Oroño, dando lugar a una compleja intervención federal. Resulta claro que la asonada se debió a circunstancias locales, y aunque lo favorecía, Urquiza no jugó un papel crucial en ella. Pese a los esfuerzos del primer delegado del gobierno federal, Francisco Pico –cuya carta a Mitre citamos más arriba–, la provincia terminaría irremediablemente en manos de los Federales.[235]

En Córdoba gobernaba Mateo Luque, supuestamente Federal, aunque siempre apoyó la candidatura de Alsina. Luque fue desplazado del gobierno en octubre de 1867, mucho antes de que Urquiza definiera la suya. Su sucesor, Félix de la Peña, impuesto por Arredondo, terminaría volcando los votos cordobeses hacia Sarmiento.[236] Así las cosas, Urquiza podía aspirar de manera realista a obtener 30 votos (8 de Entre Ríos, 12 de Corrientes y 10 de Salta). Aunque hubiera podido sumar a Córdoba (16), estaba lejos de ser suficiente.

Quizás esto explique por qué dilató largamente una decisión. Sarmiento, como vimos, era su enemigo declarado. Casi todos sus colaboradores más estrechos propiciaban, en consecuencia, el apoyo a Elizalde como un mal menor. En una lúcida carta, el miembro de la Corte Suprema, viejo

---

[235] Ruiz Moreno (2006). Se puede seguir los avatares de la intervención en AM, t. I, pp. 113-243.

[236] No es evidente que lo hiciera por la influencia de Arredondo, ya que antes de que se reuniera el colegio electoral, De la Peña consultó la opinión de Mitre, quien dejó abierta la discusión entre Elizalde y Sarmiento. Véase Míguez (en prensa).

unitario y ex vicepresidente de Urquiza, Salvador María del Carril, le aconsejaba a Victorica[237] "hacer por medio de un manifiesto del general el programa del candidato Elizalde", a quien no quedaba más remedio que apoyar. Incluso Mitre envió a Urquiza una elogiosa carta a través de Lezama[238] solicitándole su renunciamiento, que aunque no menciona el apoyo a Elizalde, opera en ese sentido. Sin embargo, casi al tiempo de recibir la carta de Mitre, y en consonancia con las negociaciones que venía llevando a cabo con Alsina desde días antes de las elecciones de electores, Urquiza lanzó su candidatura en un manifiesto el 23 de mayo de 1868, mes y medio después de las elecciones de electores.[239]

¿Por qué lo hizo? Todos sus amigos con cierto peso en la política insistían en la opción de Elizalde y se resistían a las negociaciones con Alsina. Urquiza sabía que Alsina no le podía garantizar los votos de Buenos Aires (así se lo había hecho saber), donde por lo demás era considerado un enemigo, al punto que al hacerse público el acuerdo (mencionado en el manifiesto de Urquiza y corroborado por Alsina), se provocó una crisis en el gabinete porteño. Se ha considerado que además de especular con que eventualmente la alianza podría traerle algunos votos, el apoyo de Alsina sería fundamental para lograr lo que hoy llamaríamos

---

[237] 20 de abril de 1868, AV, Leg. 3141, doc. 3104-05, reproducida en Del Carril, *op. cit.,* pp. 125-128.

[238] Lezama a Victorica, 16 de mayo de 1868, AV, Leg. 3141, doc. 2948. El texto de la carta de Mitre (curiosamente, fechada el 17 de mayo de 1868, un día después de la carta en que Lezama dice remitir la de Mitre (llegada a última hora), en AM, pp. 92-98; también en LT, t. V, pp. 304-312 y en Del Carril, *op. cit.,* pp. 138-146.

[239] AM, t. I, pp. 98-104; el propio Urquiza envió el manifiesto a Antonino Taboada; LT, t. I, p. 312, reproducido en pp. 313-319; Del Carril, *op. cit.,* pp. 150-156 también presenta el texto.

"gobernabilidad" en Buenos Aires, en caso de ganar.[240] Sin desechar esta posibilidad, hay otra línea de interpretación. Nicolás Sotomayor intentó negociaciones con De la Peña en representación de Urquiza; al informar sobre ellas, agregó a su carta una interesante posdata: "Debo decirle con franqueza que su combinación (con Alsina) encuentra resistencias especialmente entre los amigos de V.E.".[241] De manera mucho más enfática, Victorica recibió una carta de uno de sus operadores políticos señalando: "Con profundo pesar participo a Ud., para que se sirva comunicarlo a S.E., el Señor Cn. Gl. que el *Salvaje Unitario Adolfo Alsina es un traidor*".[242] Seguramente se refería a que los electores de Buenos Aires no aportarían los votos al general.

Por su parte, la carta de S. M. del Carril a Victorica deja ver dos cosas. Por un lado, aunque recomienda el apoyo a Elizalde, es consciente de que es un paso muy costoso para Urquiza. Por otro, no habiendo podido discutir el tema a fondo con Victorica, y no considerando oportuno hacerlo por correspondencia, no comprende bien las razones de los del Palacio San José para adoptar la línea de conducta que llevan adelante. Seguramente, Urquiza era bien consciente de que sus posibilidades no llegaban siquiera a remotas. Pero también es posible que supiera que entre sus apoyos, transferir los votos a Elizalde o a Alsina era más que difícil. De hecho, pese a la combinación, en Santa Fe los electores optaron por Paunero como vicepresidente, en contra de Alsina. Nada hace prever "disciplina partidaria" en el comportamiento de los electores.

---

[240]   Del Carril, *op. cit.,* pp. 25-26. Las consideraciones de Del Carril sobre estas elecciones son de interés, pero por razones de espacio, no podemos detenernos en ellas; remitimos al lector a su obra.

[241]   Nicolás Sotomayor a Urquiza, 30 de abril de 1868, en AV, leg. 3141, doc. 3130; reproducida en Del Carril, *op. cit.,* p. 129.

[242]   José M. Soto a Victorica, 18 de abril de 1868, en AV, legajo 3141, doc. s/n, entre el 3101 y el 3104/5 (el destacado es del original).

En definitiva, aunque personajes como el propio Urquiza, Victorica, Alsina, Elizalde, etc., pudieran despojarse de pasados odios para tramar sus alianzas políticas, en 1868 no parece igualmente sencillo que lograran arrastrar tras de sí a sus seguidores. El margen de opciones reales era más estrecho. Así, es posible que desde San José se hubiera evaluado que la aproximación a Alsina, que tenía muchas posibilidades de llegar a la vicepresidencia, era una opción menos mala que un apoyo a Elizalde que no se podía garantizar en el colegio electoral. Especialmente, en función de mantener el control en Entre Ríos.[243] O quizá, que era inútil apoyar a Elizalde, que igualmente perdería. Es posible que más que buscar un triunfo improbable, la estrategia tuviera por propósito reposicionarse en un panorama cambiante. En verdad, no sabemos si estas ideas fueron discutidas por la cúpula urquicista en aquel momento, pero lo que sí sabemos es que la realidad en los años subsiguientes transcurrió más bien por estos carriles.[244]

En el Partido Liberal, desde temprano Elizalde buscó el apoyo de los gobernadores de provincia y de Mitre como forma de garantizar su candidatura; le escribía a Taboada: "[Mitre] ya no puede negarse a darnos su opinión, ya que no sus esfuerzos para hacer triunfar la que más le guste",[245] lo que finalmente le repite al propio interesado cuando

---

[243]   Urquiza ya había sufrido el desbande de los ejércitos que intentó aportar a la guerra del Paraguay. Sus partidarios podían aceptar más fácilmente una alianza en la que el socio porteño ocupara el segundo término, como en efecto fueron los votos de Entre Ríos y Salta. Y aunque no cumplieran, como ocurrió en Santa Fe, eso no echaba necesariamente por tierra el puente establecido con el popular líder porteño.

[244]   De hecho, en los años subsiguientes la cúpula urquicista estrechó sus vínculos con los liderazgos Liberales; y una rebelión entrerriana le costó la vida al general y dos de sus hijos, sin que ello impidiera que la provincia terminara ingresando también al nuevo juego de la política que se abrió en la década de 1870.

[245]   Elizalde a A. Ibarra, 5 de noviembre de 1867, en LT., t. V, p. 222.

198   ACTORES E IDENTIDADES EN LA CONSTRUCCIÓN DEL ESTADO NACIONAL

este ya se había pronunciado, antes de que el texto llegara a Buenos Aires.[246] En efecto, el pretendido jefe del partido intervino a través de la carta a Gutiérrez que él calificara de "mi Testamento".[247] En este complejo documento, busca evitar definirse por un candidato: "El candidato es el Partido Liberal". El argumento consiste en un llamado a la unidad partidaria contra el enemigo común, Urquiza:

> Solo en elecciones libres y en las condiciones indicadas, pueden surgir candidaturas como las de Elizalde y Sarmiento, Rawson, Valentín Alsina, Paz, etc., que no pueden sino representar fuerza de opinión en un momento dado, y solo pueden sacar poder para gobernar de esa misma opinión.
>
> Fuera de esa suprema condición, las ventajas están a favor de candidaturas reaccionarias, como la de Urquiza y Alberdi, o las candidaturas de contrabando como la de Adolfo Alsina, pues todas ellas representan la *liga inmoral de poderes electorales usurpados por gobiernos locales,* sean simplemente reaccionarias en política, como Entre Ríos, sean francamente sediciosas como los montoneros, sean enemigos solapados como Luque, o amigos nuestros, como los Taboada en Santiago.[248]

Así, la "liga inmoral" de gobernadores aparece contrapuesta a la "fuerza de la opinión". Es frecuente que los historiadores hagan referencia a una "liga de gobernadores", como el apoyo de la candidatura de Sarmiento y sobre todo de Avellaneda en 1874. Debe señalarse, sin embargo, que esa expresión fue utilizada de manera despectiva por Mitre y sus seguidores en ambas ocasiones, para descalificar

---

246   Elizalde a Mitre, 4 de diciembre de 1867, en *Correspondencia Mitre Elizalde,* Buenos Aires, Universidad de Buenos Aires, Departamentos Editorial , pp. 425-426 (en adelante CME); la referencia al final del texto.

247   Mitre a Elizalde, 28 de noviembre de 1867, en CME, p. 425. Se equivoca entonces el editor del AM en su nota al final del texto (p. 33) donde dice que no fue Mitre quien así denominó el documento.

248   La cita pertenece a AM, t. I, p. 27 (el destacado es mío).

candidaturas rivales que contaban con apoyo de gobernadores provinciales. En 1868, esos apoyos carecieron de cualquier estructura; ni siquiera recibieron una denominación, y genéricamente se los consideraba parte del Partido Liberal. Seis años después, los sectores enrolados con Avellaneda se llamarían a sí mismos Partido Nacional.

En otros pasajes, Mitre es aun más virulento contra Urquiza y roza el límite de desconocer la legitimidad de su postulación: "Tal candidatura, que simboliza la renovación de los gobiernos personales, sería una negación de una elección libre y legal como la que yo busco y deseo" (p. 30). La frase, y todo el texto, muestra ambigüedad ante la legitimidad de una elección socavada por los gobiernos electores, o por la ausencia de principios; la voluntad de la mayoría de los ciudadanos no está en el centro de la discusión.

Pero el argumento ya era anacrónico. Adolfo Alsina tomó nota del ataque de Mitre y le contestó, generando una polémica pública en la que declaraba su candidatura "muerta" (en alusión a una frase del propio Mitre), sin que ello por cierto obstara a que continuase impertérrito con sus propias estrategias.

Si Elizalde no recibió de Mitre el respaldo "moral" que esperaba (lo que se ve transparentemente en su comentarios al "Testamento"),[249] tampoco el gobierno de Paz, próximo a Alsina, operaba en su favor. Con realismo, Elizalde le recriminaba a Mitre que la pureza de condenar los gobiernos electores no evitaba que en los hechos fuera necesario sumar el aporte de estos para obtener el triunfo. Muerto Paz y con Mitre nuevamente a cargo del Ejecutivo, el presidente no quiso o no pudo operar sobre los gobiernos provinciales en favor de una candidatura. Fracasada la búsqueda del apoyo de Urquiza –que en su

---

[249]   Elizalde a Mitre, 9 de diciembre de 1867, CME, pp. 429-435.

respuesta al pedido de abstención que le formulara Mitre cita los ataques del "Testamento" como una de las razones que le impiden adoptar esa actitud–, la candidatura de Elizalde languideció sin más apoyos que los que Taboada pudo reunir.

La trayectoria de los integrantes de la que en definitiva sería la fórmula ganadora estuvo desde el comienzo ligada entre sí. Sarmiento había comenzado a trabajar por su candidatura desde mediados de 1867 publicando un "programa" en *La Tribuna,* en Buenos Aires, con fuertes críticas al gobierno,[250] por correspondencia desde Estados Unidos, en la exposición universal de París con otros argentinos asistentes, y a través de periódicos en diferentes puntos del país. Pero como vimos, el apoyo provincial más probable, Tucumán, se perdió en el golpe contra los Posse. En Buenos Aires, Sarmiento contaba con "opinión" favorable, quizá por arriba de Alsina y Elizalde, especialmente entre los sectores más destacados. El gobernador, sin embargo, controlaba no solo los instrumentos de su cargo, sino también los sectores más militantes de la facción.

Los apoyos decisivos a Sarmiento vinieron de las fuerzas militares: Mansilla y, sobre todo, Arredondo. No es fácil saber por qué el oriental optó por Sarmiento, cuando Alsina estaba más próximo al gobierno de Paz y Elizalde, a Mitre; su elección lo llevaría hasta el límite de la rebelión. Quizá pensó que en un gobierno con menos apoyo él podría lograr más protagonismo.[251] Lo cierto es que logró volcar las

---

[250]   Es notorio que la mayor rivalidad de Sarmiento con los miembros mitristas del gobierno era con su coprovinciano Guillermo Rawson; véase, por ejemplo, Sarmiento a Mitre, fechada en París, julio de 1867, en AM, t. I, pp. 17-24.

[251]   Si así fue, se equivocaba. Desde la presidencia, Sarmiento hizo todo lo posible por esmerilar el poder de Arredondo, lo que eventualmente llevaría a este a levantarse a favor de Mitre en 1874. Véase Míguez (2011). A Mansilla le iría mejor, aunque tampoco tuvo un papel estelar en el nuevo gobierno.

provincias de Córdoba y La Rioja a favor del sanjuanino. Cuyo también se inclinó por su hijo pródigo: seguramente pesó en ello el reemplazo de los sectores Liberales que se habían ligado al mitrismo por otros del mismo signo (y que posiblemente tuvieran la aquiescencia, si no el apoyo, de Federales) en la secuela de las rebeliones del Federalismo Popular. El papel de Paunero, ligado a Elizalde y al mitrismo –fue el candidato a vicepresidente del primero–, comandante de las tropas que reprimieron la revuelta en la región, no es claro. Quizás haya sido eclipsado por Arredondo, que también intentó influir allí; de hecho, ninguno de los electores cuyanos votó a Paunero para la vicepresidencia.[252]

Alsina, por su parte, arrancó con el apoyo de Oroño en Santa Fe y Luque en Córdoba; teniendo Buenos Aires casi segura, los 49 votos de estas provincias eran un excelente punto de partida, lo que le valió la condena a los gobiernos electores en el "Testamento" de Mitre. Pero los golpes de mano en Santa Fe y Córdoba desinflaron sus posibilidades. Recién a comienzos de febrero, el Club Libertad, el cuerpo del Liberalismo en Buenos Aires, definió su candidatura, y lo hizo por la fórmula Sarmiento-Alsina.[253] El hecho ha provocado diversas interpretaciones, sazonadas por una dudosa anécdota;[254] seguramente refleja la predilección de algunas figuras notables del Liberalismo de Buenos Aires, y el hecho de que Alsina, habiendo perdido las provincias aliadas y sufrido la condena de Mitre, dudaba si continuar con su proyecto presidencial o aceptar una vicepresidencia casi segura. Pero ya antes de las elecciones, la aproximación

---

[252]   En Córdoba, en cambio, se impuso la fórmula Sarmiento-Paunero, posiblemente por el vínculo de Alsina con la situación desplazada por la acción de Arredondo.

[253]   *La Tribuna*, 3 y 4 de febrero de 1868.

[254]   Los comentarios al hecho en los textos citados de Campobassi y Del Carril. Véase también Palcos (1963, t. 12, I), que aporta útil información sobre la candidatura de Sarmiento.

a Urquiza llevó a Alsina a buscar su propia base electoral. Creó el Club del Pueblo que fácilmente se impuso al Club Libertad en abril; los electores, sin embargo, terminarían apoyando la misma fórmula presidencial, ya que Alsina no pudo (y quizá tampoco intentó) imponer al gran capitán entrerriano como candidato de Buenos Aires.

Por lo demás, existía el convencimiento en la mayoría de los actores de que nadie reuniría la mayoría necesaria en el colegio electoral, más tarde confirmado por las elecciones de abril.[255] Se especulaba que si decidía el Congreso, la mayoría seguiría en manos del mitrismo; de allí las "combinaciones" a que hacía referencia Mitre en su "Testamento". Ellas pusieron en evidencia la oscilación entre la descalificación total y la búsqueda de acuerdos entre las diferentes facciones del Liberalismo y los Federales. En 1868, aún era visible el legado de resentimiento y suspicacia entre las estructuras de sentimientos Federal y Liberal/Unitaria, pese a que, como ya señalamos, no faltaban dirigentes en uno u otro bando cuyo pasado los mostraba en el opuesto. A pesar de ellos, el propio Mitre volvía una y otra vez a los tropos discursivos de comienzos de los años 1850 en su descalificación a Urquiza.[256] Sin que ello obstara para intentar una nueva aproximación en la carta que le dirigiera pidiéndole que renunciara a su candidatura.

Por otro lado, la contraposición entre porteños y provincianos mantenía su peso; José Frías, amigo de Manuel Taboada, le había señalado en carta a este del 22 de

---

[255]   Solo como ejemplo, en su citada correspondencia con Victorica, Lezama reitera con frecuencia el argumento.

[256]   Muy elocuente al respecto es una carta a Elizalde en que discute la publicación del "Testamento": "El único que podría comprometerse en ello soy yo con el General Urquiza, a quien declaro la guerra; pero eso es bueno también que se sepa, y como de todos modos ha de suceder, lo más pronto es lo mejor – otro tanto digo respecto del Dr. Alsina" (13 de diciembre de 1867, CME, p. 436).

noviembre: "De Córdoba me han escrito pª la candidatura del S. D. Dº Sarmiento pª Presidente de la Rep.ª. No conozco su personal, sus antecedentes e inteligencia lo creo más acreedor para obtener este destino con la recomendación de ser provinciano [...] Hagamos un esfuerzo para que sea nombrado un provinciano".[257]

Hasta qué punto pesaron estas viejas confrontaciones en la contienda electoral es difícil de evaluar. Es posible que la figura de Elizalde despertara resistencias entre los provincianos. Y es evidente que para no pocos actores de uno y otro bando, la confrontación de los viejos partidos de la primera mitad del siglo despertaba fuertes pasiones y constituía una clave de lectura de los hechos. Pero también lo es que en 1868 estaban en rápido proceso de erosión. Las negociaciones de Alsina y Elizalde con Urquiza exhiben esta cara. Por lo demás, la "combinación" triunfante parece más el producto de la decantación de un complejo rompecabezas que un acuerdo, y eso justifica aquella resonada frase del sanjuanino: Alsina sería presidente del Senado solo para tocar la campanilla.

4. Conclusión: cambios en la lógica partidaria e integración política del espacio nacional

Recapitulemos sobre el esquema de partidos. El punto de partida era la bastante exitosa operación de creación de identidades que Rosas había llevado a cabo, dividiendo el mundo entre Federales y salvajes Unitarios. Aun en tiempos del "dictador", sin embargo, no faltaron individuos que circularon entre los bandos irreconciliables. El esfuerzo de Urquiza durante su presidencia por corroer los límites partidarios habilitó, como vimos, una nutrida presencia de

---

[257]   LT, t. V, p. 228.

actores de diferentes tradiciones en sus filas, así como la secesión porteña cohesionó a no pocos viejos Federales con los que denunciaban al heredero entrerriano de Rosas. Por lo demás, como también hemos argumentado, el liberalismo y el federalismo se habían transformado ya en factores de unión, no de disenso, pese a lo cual, los secesionistas encontraron que utilizar el viejo paradigma político dicotómico del rosismo era funcional a sus necesidades. Las denominaciones Liberal y Federal sirvieron para identificar a los grupos. Para los primeros, adoptar el nombre de un ideal y un credo ideológico cimentaba la legitimidad de su causa.[258] Para los segundos, el Federalismo recogía la tradición de defensa de las autonomías provinciales.[259] Por diversos motivos, muchas facciones en diversas provincias fueron reuniéndose bajo el paraguas Liberal, y otras se identificaron como Federales.

Pero más allá de estas denominaciones, según lo dicho, el estatuto institucional de los partidos políticos a fines de los años 1860 era problemático. Si bien se conocía su funcionamiento institucionalizado en Europa (sobre todo, Inglaterra) y Estados Unidos, se dudaba sobre su aplicabilidad en el Río de la Plata, que carecía de los desarrollos sociales necesarios. Así, es fácil ver la ambigüedad con que se utiliza el término en los textos de época, como en los ejemplos citados de Mitre y Urquiza. Y aun cuando tuviera un tono positivo, la expresión "partido" era utilizada de manera genérica para designar un horizonte de afinidades de límites imprecisos, más que para referirse a un cuerpo político con algún grado siquiera informal de organización. Cuando se creaban estos cuerpos, por lo

---

[258]   Posiblemente el nombre provine del denominado "Club Libertad", creado en Buenos Aires después de la caída de Rosas.

[259]   Y para los Liberales, llamar a sus rivales Federales reforzaba el argumento del continuismo con el régimen de caudillos.

común denominados clubes, su vida era más bien efímera o episódica, muy ligada a una o muy pocas figuras de un partido y los procesos electorales, con poca articulación entre clubes de un mismo "partido", ya sea en el mismo o en diferentes espacios.[260]

Así, un partido prácticamente equivalía a una "opinión" (aunque este término también se utilizaba para caracterizar una "corriente interna" dentro de un partido), a quienes se identificaban con una causa muy imprecisamente definida. Por ello, en la década de 1860 el Partido Liberal abarcaba en general a todos los que no eran agrupados en el Federal. Por ejemplo, tras despacharse fuertemente contra el gobierno de turno, José Posse le decía a Sarmiento: "Verdaderamente, hay ineptitud en *nuestro partido,* pero más ineptos son los Gefes que han tenido su dirección y lo han postrado en el desgobierno".[261] De esta manera, en la misma carta en que promete trabajar para la candidatura de Sarmiento, asume una identidad partidaria común con el gobierno de Mitre, Elizalde, y de su rival local, Marcos Paz, que propiciaría días más tarde un golpe de estado contra el gobierno tucumano que Posse apoyaba (el de su primo Wenceslao). Igualmente, al discutir Mitre las candidaturas en su carta de Tuyú Cué, solo diferencia dos partidos, reuniendo en la misma bolsa a Sarmiento, Valentín y Adolfo Alsina, Elizalde, Rawson, Paz... Elizalde utiliza en varias cartas la misma línea argumental, hablando de todos los liberales como un solo partido.[262] Sin

---

[260]   Sobre el tema para Buenos Aires, véase, por ejemplo, Sábato (1998: 120-128 y *passim*). Hay otra abundante bibliografía sobre el tema, pero en general toma la etapa que se inicia en 1870. Véase Míguez (2012).

[261]   Sarmiento, Domingo Faustino y Posse, José, *El archivo del Museo Sarmiento: epistolario entre Sarmiento y Posse,* editado por Antonio P. Castro, t. I, Buenos Aires, Museo Histórico Sarmiento, 1946, pp. 168 y 169 (el destacado es mío).

[262]   CME, cartas de Elizalde a Mitre, pp. 397-435, *passim*; es particularmente visible en el comentario al "Testamento", Elizalde a Mitre, 9 de diciembre de 1967, pp. 439-434.

embargo, en una carta del 23 de octubre de 1867, en que discute la situación política, se hace evidente una idea más restrictiva; la carta concluye: "La oposición a Mitre está triunfante y le hará caer a él y a su partido"; y por cierto, esto no era provocado por Urquiza y los Federales, sino por el gobierno de Marcos Paz y su alianza con Alsina.[263]

En estas condiciones, las viejas adscripciones partidarias significaban muy poco; la rivalidad dentro del Partido Liberal y el faccionalismo en cada una de las provincias jugaron el papel decisivo en las alienaciones electorales. Así, la forma en que Mitre intenta encarar la situación (y que en cierta medida arrastra a su facción) termina siendo anacrónica. Mitre había obtenido su momento de gloria como el líder militar de la confrontación entre partidos. Como se ve transparentemente en su "Testamento", reitera la fórmula para mantener su liderazgo en 1867-1868. Ya electo Sarmiento, seguía viendo las cosas de igual manera: "Tal vez fuera un bien que nos viéramos obligados a reprimir la acción bastarda del general Urquiza, si él se atreviese a lanzarse a las vías de la resistencia, y me asiste la esperanza fundada de que antes de terminar mi presidencia habría dado cuenta de él, salvando a la República Argentina y a los partidos corrompidos de su fatal influencia. He de hacer, sin embargo, todo lo que decorosamente me sea posible para evitarlo". Especula incluso con que Urquiza utilizaría la fuerza para conquistar el poder,[264] pese a la abundante evidencia y las reiteradas declaraciones del entrerriano sobre su acatamiento a

---

[263]   Elizalde a Mitre, en CME, pp. 409-412, la cita en p. 412.

[264]   B. Mitre a Emilio Mitre, 22 de julio de 1868, en Museo Mitre, Archivo inédito del general Mitre, Caja 20, doc. 6240, reproducida en León Rebollo Paz, "La revolución de Corrientes de 1868. Una importante carta del general Mitre a su hermano Emilio", en *Investigaciones y Ensayos*, núm. 13, 1972, pp. 267-275 (la cita, en p. 270).

un orden constitucional que, desde luego, veía como su propia obra.

Pero ya desde antes de las elecciones la realidad trascurría por otros carriles. Sin mayores fundamentos ideológicos o programáticos, y en el marco de la forzada convivencia en una nación cuya realidad era para todos cada vez más ineludible, el maniqueísmo Liberal/Federal se diluía rápidamente. En sus prácticas, las dirigencias partidarias lo relativizaban ya fuertemente en 1868, aunque los cuadros intermedios, y posiblemente sectores más populares identificados con los partidos, aún le dieran por entonces significado. La operación de reconciliación entre Sarmiento y Urquiza una vez que el primero llegó a la presidencia le daría un nuevo golpe. Y si fuera cierto que la rebelión jordanista reflejara la pervivencia de un Federalismo cerril,[265] paradójicamente, el asesinato del viejo líder Federal tuvo el efecto de remover el último obstáculo para que los sectores que hasta 1868 se identificaban con el Partido Federal se integraran en las configuraciones subsiguientes con las viejas facciones del Liberalismo. En general, esto implicó que al formarse la coalición avellanedista que adoptó el nombre de Partido Nacional, pudiera captar muchos elementos que provenían del Federalismo. Convergerían allí con sarmientistas de 1868. Alsina y sus partidarios terminarían nuevamente por sumarse a esa opción. Las facciones mitristas del interior quedarían aisladas y en minoría, lo que las llevaría a una nueva derrota en 1874 (Míguez, 2011).

---

[265] Como han sostenido sobre todo autores revisionistas, y encuentra cierto sustento en una trayectoria como la de José Hernández. Me inclino a pensar que si algo de esto existió, fue en combinación con elementos de una lucha facciosa en la provincia, en la que Ricardo López Jordán encuentra a su ilustre pariente J. J. Urquiza inclinado hacia el bando opuesto.

Como sabemos, la integración de Buenos Aires al sistema político nacional tampoco se completaría en 1874. Su giro definido tendría lugar recién en 1880.[266] No estando ya Alsina, parte de sus seguidores encabezarían la revuelta contra el triunfo de Roca, el candidato del interior. Aunque el mitrismo se alinearía nuevamente con la ciudad rebelde, Mitre mismo sería en la ocasión más prudente, e importantes dirigentes, especialmente algunos jóvenes del autonomismo, apoyarían al tucumano.[267] Su triunfo establecía así un nuevo equilibrio entre las elites de la –ahora sí– capital nacional y las provincianas. En este nuevo marco, la fragmentación partidaria Buenos Aires/Interior terminaría por perder relevancia. Las facciones no encontrarían ya en esta vieja dicotomía una referencia significativa. No parece exagerado proponer que el proceso electoral de 1868 había puesto ya de manifiesto las tendencias que culminarían con la articulación de las dirigencias provinciales en el nuevo poder nacional.

Bibliografía

Alonso Paula (2010), *Jardines secretos, legitimaciones públicas,* Buenos Aires, Edhasa.

Ayrolo, Valentina y Míguez, Eduardo (2012), "Reconstruction of Socio-Political Order after Independence in Latin America. A Reconsideration of Caudillo Politics in the River Plate", *Jahrbuch für Geschichte Lateinamerikas,* núm. 49.

Botana, Natalio (1984), *La tradición republicana,* Buenos Aires, Sudamericana.

---

[266]   Véase una interesante discusión al respecto en Halperin Donghi (2009).

[267]   Entre ellos, Eduardo Wilde, que había reaccionado tildando a Alsina de traidor por aliarse con Urquiza (Del Carril, *op. cit.,* p. 20).

Chiaramonte, José Carlos (2010), "The 'Ancient Constitution' after Independence (1808-1852)", *Hispanic American Historical Review*, núm. 90.

De Gandía, Enrique (1977), "El diálogo de Mitre y Urquiza antes de Pavón", *Investigaciones y Ensayos,* **núm.** 20, pp. 63-129.

De la Fuente, Ariel (2007), *Los hijos de Facundo,* Buenos Aires, Prometeo.

Halperin Donghi, Tulio (1995 [1980]), *Proyecto y construcción de una Nación, 1846-1880,* Buenos Aires, Ariel.

Halperin Donghi, Tulio (2009), "Buenos Aires en Armas", *Entrepasados,* núm. 35.

Hamilton, Alexander; Madison, J. y Jay, J. (1994), *El federalista,* México, Fondo de Cultura Económica.

Lanteri, Ana Laura (2011), "Las provincias en un ámbito de poder institucionalizado. Representación política y acción legislativa en el Congreso de Paraná en la 'Confederación' (1854-1861)", *Estudios Sociales,* núm. 41, Universidad del Litoral, pp. 69-82.

Lanteri, Ana Laura (en prensa), "Acerca del aprendizaje y la conformación político-institucional nacional. Una relectura de la 'Confederación' argentina (1852-1862)", *Secuencia,* núm. 87, México, Instituto Mora.

Leo, Mariela y Gallo, Ezequiel (en prensa), "La reforma de 1860 y la cuestión federal", en Alonso, Paula y Bragoni, Beatriz, *El sistema federal argentino a fin del siglo XIX. Debates y coyunturas,* Buenos Aires, Edhasa.

Míguez, Eduardo (2011), *Mitre montonero,* Buenos Aires, Sudamericana.

Míguez, Eduardo (2012), "Gestación, auge y crisis del orden político oligárquica en la Argentina. Balance de la historiografía reciente", *PolHis. Boletín Bibliográfico Electrónico del Programa Buenos Aires de Historia Política,* núm. 9, primer semestre de 2012, pp. 38-68. Disponible en línea: www.historiapolítica.com

Míguez, Eduardo (en prensa), "Mitrismo y federalismo. Los alineamientos provinciales en las elecciones de 1868", en Alonso, Paula y Bragoni, Beatriz, *El sistema federal argentino a fin del siglo XIX. Debates y coyunturas,* Buenos Aires, Edhasa.

Myers, Jorge (1995), *Orden y virtud. El discurso republicano en el régimen de Rosas,* Buenos Aires, Universidad Nacional de Quilmes.

Palcos, Alberto (1963), "La presidencia de Sarmiento", *Historia de la Nación Argentina,* Buenos Aires, El Ateneo.

Ruiz Moreno, Isidoro J. (H.) (2006 [1988]), *Elecciones y revolución: Oroño, Urquiza y Mitre,* Buenos Aires, Claridad.

Sábato, Hilda (1998), *La política en las calles,* Buenos Aires, Sudamericana.

Sommariva, Luis S. (1929), *Historia de las intervenciones federales en la Argentina,* Buenos Aires, El Ateneo.

Ternavasio, Marcela (2002), *La revolución del voto. Política y elecciones en Buenos Aires, 1810-1852,* Buenos Aires, Siglo XXI.

Zubizarreta, Ignacio (2012), *Los unitarios. Faccionalismo, prácticas, construcción identitaria y vínculos en una agrupación política decimonónica, 1820-1852,* Alemania, Stuttgart, Verlag Hans-Dieter Heinz, Akademischer verlag Stuttgart.

LA CONFORMACIÓN DEL CUERPO POLICIAL EN LA CAMPAÑA DE BUENOS AIRES (1870-1880). NORMAS Y ACTORES PARA UN NUEVO DISEÑO INSTITUCIONAL

Pedro Alberto Berardi

En los últimos años, la construcción y dinámica de la institución policial ha concitado el interés de historiadores y otros cientistas sociales, principalmente antropólogos y sociólogos. Dicha preocupación responde, en parte, al rol que cumplió esta institución en el proceso de conformación del estado argentino. En efecto, al calor de dicho proceso en las postrimerías del siglo XIX, la definición de esferas institucionales depositarias de saberes específicos y con áreas de intervención delimitadas afectó a la policía como a otras agencias. En un contexto de impactantes transformaciones, cuyo epicentro fue la región litoral rioplatense, la policía fue así depositaria de diversas atribuciones, siendo la más importante la capacidad represiva estatal.

Claro que para efectivizar esta misión, resultó menester llevar a cabo una serie de transformaciones tendientes a su modernización, que incluyeron la profesionalización de sus integrantes y la construcción de una estructura burocrática que delimitara las jerarquías y funciones y le otorgase mayor autonomía en relación con otras agencias estatales. Con las guardias nacionales y un ejército que simultáneamente comenzaba a instituirse, la policía compartía ciertos rasgos militares, mientras que debía ser separada de los juzgados de paz, hasta entonces depositarios de funciones punitivas en algunas jurisdicciones. De hecho, si bien en los ámbitos urbanos más importantes del Río de la Plata los cuerpos policiales habían tenido una instrumentación bastante temprana, en el espacio rural el poder de policía era ejercido por los jueces de paz. Ellos estaban a cargo de controlar la circulación de bienes y personas, como así también de apresar a quienes delinquían.

En el caso de la provincia de Buenos Aires, a mediados de la década de 1870 la creciente expansión del área fronteriza hacia el sur de la región pampeana y la gradual consolidación de la propiedad privada habían tornado insuficiente la presencia de los juzgados para asegurar el orden, haciendo imperiosa su reorganización. La dirigencia bonaerense implementó entonces un conjunto de reformas entre fines de dicha década y la siguiente. Una de las más importantes fue la instauración de comisarías en el ámbito rural, que buscó cercenar los alcances jurisdiccionales de la justicia lega. La precariedad material de los juzgados, la carencia de recursos humanos y de equipamiento, como así también el creciente desprestigio social del que algunos jueces y/o agentes eran objeto –producto de su mal desempeño– constituyeron así elementos significativos para que la sociedad rural reclamara a las autoridades el restablecimiento de las comisarías de campaña.[268]

---

[268]   Antes de continuar, resulta importante reseñar estos antecedentes. En los primeros años de la década de 1820, la dirigencia porteña motorizó una serie de reformas en materia judicial tendientes a reorganizar el andamiaje legal de la campaña. Por un lado, resultaba necesario reconfigurar las autoridades judiciales allí existentes, los alcaldes de la santa hermandad, que constituían un remanente del sistema colonial. De esta manera, ellos fueron sustituidos por los jueces de paz, quienes eran pensados como agentes articuladores entre el estado y las comunidades. Por otro lado, frente a los desafíos que presentaba un espacio en permanente expansión, como lo era la frontera sur, se establecieron los juzgados de primera instancia, a fin de afianzar la centralidad estatal en tal escenario a través de la justica letrada. La creación de las comisarías de campaña conformó este triángulo institucional. Sin embargo, hacia finales de 1824, tanto los juzgados de primera instancia como las comisarías de campaña fueron disueltas. Esto obedeció a múltiples razones que comprenden desde la escasez de recursos, la superposición de competencias y funciones, como así también su deslegitimidad ante una población que las consideraba como intromisión externa. Y si bien

Los cambios en estas direcciones se acentuaron a partir de 1880, ya que tras la federalización de la ciudad de Buenos Aires se conformó una policía provincial.[269] Ello fue consolidando una trama de solidaridades y complementariedades entre ambas instancias legales. Pero si bien podría plantearse que a mediados de la década de 1880 la policía como ámbito institucional había adquirido bastante autonomía en relación con los juzgados, la superposición de funciones y la continuidad de límites aún difusos en la definición de sus respectivas competencias territoriales produjeron también una serie de conflictos y rivalidades que definieron la relación de los actores que las integraban. Del mismo modo, la profesionalización del personal de las comisarías constituyó una de las preocupaciones más acuciantes, sobre todo porque los sujetos que ingresaban como agentes mantenían lógicas sociales que contrastaban con los ideales de modernización pensados para su funcionamiento.

En ese marco, este trabajo tiene como propósito dar cuenta de los rasgos cardinales del proceso constitutivo de la policía provincial en la campaña bonaerense, y especialmente en la frontera delimitada por el Salado.[270]

---

en los primeros años de la siguiente década fueron notorios los intentos de reinstalar ambas instituciones, la experiencia resultó nuevamente infructuosa (Díaz, 1959: 81-92; Fradkin, 2009: 143-164).

[269] Actuando separadamente del cuerpo establecido en la reciente capital nacional (Barreneche, 2010).

[270] Una versión preliminar de este trabajo fue presentada en las jornadas "Policía, Justicia y Sociedad en la Argentina Moderna", realizadas los días 27 y 28 de septiembre de 2012 en la Universidad de San Andrés. Agradezco a la Dra. Lila Caimari y al Dr. Ernesto Bohoslavsky por sus generosos y valiosos comentarios. El trabajo se enmarca en mi tesis doctoral en reciente curso, dirigida por la Dra. Lila Caimari y realizada gracias a la beca PICT Bicentenario "Policía, justicia y sociedad en la Argentina moderna (1852-1955)" de la Agencia Nacional de Promoción Científica y Tecnológica, cuyo investigador responsable es el Dr. Eduardo Zimmermann.

Atenderemos al marco jurídico que lo sustentó y exploraremos las relaciones y prácticas sociales e institucionales de los actores involucrados en él. En el primer apartado, daremos cuenta de las principales reformas que se implementaron entre la década de 1870 y comienzos de la siguiente, a efectos de modernizar y concretar la autonomía policial.

Esta reseña resulta de interés en sí misma, dado que se conoce poco sobre los rasgos jurídicos de este proceso, pero también como marco de referencia y de actuación de los actores. En el segundo apartado, analizaremos entonces en el proceso de este rediseño del mapa de las instituciones de control social dos causas judiciales que cristalizan las tensiones y los conflictos que mediaron en la relación de los agentes policiales con los actores de igual rango que componían otras esferas de poder presentes en la campaña. Se reflexiona desde ellas sobre los alcances y límites de dichas reformas en el proceso de institucionalización policial.

1. Justicia y policía en torno a una nueva organización de la campaña bonaerense: las reformas de los años setenta y principios de los ochenta

En los últimos años de la década de 1860, se dinamizó desde el Departamento de Policía de Buenos Aires –bajo la gestión de Enrique O'Gorman– una serie de reformas cuyo propósito era crear una fuerza que se distanciase de los juzgados de paz y de los municipios, y que asimismo concentrara las atribuciones de policía de las que estos eran depositarios (Barreneche y Galeano, 2008: 84). Hasta entonces, los jueces de paz tenían un peso significativo dentro de las instancias comunales. No solo porque actuaban como intermediarios entre el estado y la sociedad en la que administraban justicia, sino también porque concentraban un repertorio de funciones a las que podríamos definir como poder de policía.

De hecho, en colaboración con un conjunto de agentes que los complementaban en la realización de su tarea, los jueces debían prender a los criminales, controlar la circulación de hombres y de recursos –especialmente en lo concerniente al movimiento de ganado–, regular los precios y las medidas y mantener el orden en ámbitos de sociabilidad como las pulperías y almacenes. De igual forma, estaban supeditados a tareas de carácter burocrático, que tenían que ver principalmente con el manejo de los flujos de información con los magistrados de primera instancia designados en las cabeceras de los departamentos judiciales del crimen.

Cabe destacar, además, que estos jueces tuvieron una participación activa en la regulación y el ordenamiento de los centros poblacionales que habían ido proliferando en la campaña bonaerense, como correlato del crecimiento demográfico que provocó la impactante transformación económica de mediados de la centuria. Como ámbitos cada vez significativos de actividades comerciales y asociación y de participación pública, el reordenamiento de estos poblados se convirtió en una de las preocupaciones más inmediatas en la agenda de las autoridades provinciales (Aliata, 1998: 244-248). Claro que más allá de regularizar su organización interna y cuidar de la preservación de los espacios públicos, la especificidad de la función policial recaía en definir los espacios sociales que ocuparían sus habitantes. Se trataba, de esta forma, de excluir a aquellos pobladores que estaban por fuera de los circuitos productivos formales.[271]

---

[271]   Al respecto, hemos analizado a partir de la experiencia de Guillermo Hoyos (a) Hormiga Negra las formas de la violencia y las diversas con-

Sin embargo, como ha señalado Gisela Sedeillán (2005), durante la década de 1870 los límites de acción de estas instancias legales comenzaron a hacerse visibles. Por un lado, con el avance de la línea de frontera hacia el sur y el oeste bonaerense, el área en el que los jueces de paz y sus agentes se desplazaban fue expandiéndose notablemente, generando así dificultades para su control, ya que eran mayores las distancias que debían recorrer. Además, la porosidad que presentaba este escenario fronterizo acrecentaba las posibilidades para el robo de ganado y su comercialización en los mercados norpatagónicos y transandinos. Esta característica permitía a quienes delinquían huir de sus persecutores con mayor facilidad. A lo que debemos añadir que el equilibrio de las relaciones interétnicas comenzó a resquebrajarse, lo que conllevó a que se generasen situaciones de conflicto entre las parcialidades indígenas y la sociedad criolla próxima a la línea de frontera.

Por otro lado, las condiciones materiales en las que se encontraban los juzgados de paz constituyeron un obstáculo para la concreción de sus tareas. El personal que componía la tropa era muy escaso y, como hemos consignado, debía cumplir una multiplicidad de funciones. Asimismo, las remesas para su mantenimiento no llegaban de manera regular, situación que era frecuente en los juzgados emplazados en las zonas más alejadas de la ciudad de Buenos Aires. Esto implicaba que los subalternos complementaran su participación con otras actividades económicas que asegurasen su subsistencia, volcándose principalmente a los trabajos agrícolas. También necesitaban proveerse de

cepciones sobre la criminalidad en la segunda mitad del siglo XIX. Enfatizamos las múltiples miradas que definieron y otorgaron sentido a las prácticas delictivas, atendiendo no solo a víctimas y agresores, sino también a los posicionamientos de los agentes institucionales encargados de reprimirlas (Berardi, 2011).

caballos y otros elementos esenciales, como aperos y arma-
mento, que podían obtener a través del crédito adelantado
por comerciantes locales, o mediante el robo.[272] Y por lo
tanto, no resultaba inusual que también pudieran llevar a
cabo acciones delictivas –como el abigeato o los atracos a
fondas o almacenes– en coyunturas donde la carencia de
recursos tensaba las relaciones internas.

En este cuadro de situación, la presencia de los juzgados comenzó a ser así consignada como ineficaz por
los pobladores de la campaña. Los grupos propietarios
consideraban que la escasez de hombres que pudieran
efectivizar el mantenimiento del orden era un problema
para el resguardo de sus intereses. Pero los posibles riesgos
también se acrecentaban frente al estado de precariedad
descrito, ya que se incrementaban los robos que aquellos
llevaban a cabo. Otras voces, en cambio, se pronunciaron
en rechazo del mal desempeño y de las arbitrariedades
cometidas por los jueces y sus subordinados. Y aunque
las prácticas asociadas al abuso de la autoridad no constituían una novedad, comenzaban a ser percibidas como
experiencias inapropiadas para el ejercicio de la justicia.

Como respuesta a estas demandas, una de las medidas llevadas a cabo por el Poder Ejecutivo provincial fue
el restablecimiento de las comisarías de campaña. Claro
que esto fue tejiendo un entramado de solidaridades y
complementariedades, principalmente porque durante los

---

[272] De acuerdo con las instrucciones que debían proseguir las comisarías
de campaña, podemos aventurar que la apropiación de caballos constituía una práctica frecuente por parte de las autoridades legales. En el
artículo 16, por ejemplo, se prohibía a los comisarios y a sus subalternos
marcar o señalar caballos ajenos que tuviesen a su servicio, debiendo
ser entregados si sus respectivos dueños los reclamasen. En *Registro
Oficial de la Provincia de Buenos Aires*, Buenos Aires, Imprenta de la
Penitenciaría, 1880, p. 735, en el Archivo Histórico del Ministerio de
Infraestructura de la Provincia de Buenos Aires, Sección de Investigación
Histórica Cartográfica, La Plata.

primeros años de esta experiencia, el personal que integraba
las comisarías actuaba en subordinación a los jueces de
paz, debiendo prestar cooperación para la concreción de
ciertas tareas –como la aprehensión de criminales– cuando
aquellos lo requirieran. No obstante, y como veremos más
adelante, esta relación no estuvo exenta de conflictos que
fueron acrecentándose a medida que la policía fue adquiriendo características de agencia autónoma.

Si bien fue en diciembre de 1880 cuando se conformó
una policía provincial escindida del cuerpo existente en la
capital como producto de la federalización de Buenos Aires,
hacia finales de la década anterior se habían motorizado
otras reformas tendientes a independizar y consolidar a
la policía como fuerza autónoma en su relación con las
esferas de poder existentes en la campaña. Y a pesar de
que estos habían sido los propósitos iniciales de las transformaciones puestas en marcha por el Departamento de
Policía, la conformación de una institución con funciones
determinadas y competencias de acción delimitadas adquirió mayor dinamismo en estos últimos años.

Una de las primeras acciones desplegadas se orientó
a reorganizar la composición de los planteles policiales
dependientes de las autoridades judiciales. Mediante
un decreto sancionado por Carlos Tejedor en junio de
1878, las partidas de policía de campaña –recordemos
que estaba supeditada a los juzgados de paz– quedaron
reducidas al siguiente personal: un oficial, un sargento y
veinte soldados. Otro decreto de finales del mismo año
disminuyó los montos presupuestarios del estipendio de
los agentes. Ello impactó en una nueva reestructuración
del servicio de los juzgados hacia 1879 (Romay, 1963: 163
y 187, respectivamente).

En función de nuestro análisis, resulta de sumo interés
advertir que esta normativa explicitó además la necesidad de
delimitar las funciones a las que el personal de tropa estaba

sujeto. El último decreto aludido reglamentó, por ejemplo, la prohibición hacia el juez de paz para "emplear á los soldados en otros servicios que en el de policía, aún cuando fuera de interés público, como en la limpieza, en el alumbrado, en el cuidado de calles y paseos, u otros análogos", y agregó que se les impedía "ocupar a los soldados como asistentes, distrayéndolos del servicio de policía".[273] En complemento con ello, si volvemos sobre la reducción del personal, constatamos que a las comisarías se les fue otorgando un rol cada vez más central en desmedro de los juzgados de paz, a los cuales se les fue cercenando atribuciones.

Por lo cual, más allá de ilustrarnos acerca de la multiplicidad de actividades en las que hasta aquí consistía la actividad policial, la información revela indicios de la intención de profesionalizar a los agentes en lo concerniente al mantenimiento de la seguridad. Las lógicas de cooperación que se habían desarrollado a comienzos de la década de 1870 fueron redireccionadas, ahora eran los jueces quienes debían prestar colaboración al comisario cuando resultase necesaria su intervención.

Esta situación fue acentuada por la normativa oficial. En la Ley de Presupuesto de 1878, se produjo la división de la campaña en doce secciones a cargo de la Policía Rural, subordinada a las comisarías rurales que se establecieron en cada una de las cabeceras designadas.[274] Vale aquí aclarar que estas comisarías rurales eran las mismas comisarías de campaña que venimos señalando. Detallamos en los siguientes cuadros la manera en que se distribuyeron las comisarías en la configuración administrativa provincial, y cómo se organizó su composición.

---

[273]   *Registro Oficial de la Provincia de Buenos Aires,* Buenos Aires, Imprenta de la Penitenciaría, 1878, p. 615, en el Archivo Histórico del Ministerio de Infraestructura de la Provincia de Buenos Aires, Sección de Investigación Histórica Cartográfica, La Plata.

[274]   Ibíd.

Cuadro 1
Organización de las comisarías rurales a partir del Decreto del
Poder Ejecutivo Provincial del 27 de diciembre de 1878

Sección	Partidos que la componen	Cabecera
1°	Bahía Blanca, Patagones	Bahía Blanca
2°	Juárez, Necochea, Tres Arroyos	Juárez
3°	Tandil, Lobería, Balcarce, Ayacucho, Rauch, Mar Chiquita	Tandil
4°	Dolores, Tordillo, Ajó, Tuyú, Monsalvo, Vecino	Dolores
5°	Tapalqué, Azul, Gral. Alvear, Las Flores	Tapalqué
6°	Chascomús, Castelli, Pila, Ranchos, Magdalena, Brandsen, Ensenada	Chascomús
7°	9 de Julio, 25 de Mayo, Bragado, Chacabuco	9 de Julio
8°	Junín, Lincoln, Rojas, Pergamino, San Nicolás, Ramallo	Junín
9°	Arrecifes, Carmen de Areco, Exaltación de la Cruz, Baradero, San Pedro, Salto	Arrecifes
10°	Las Heras, Cañuelas, San Vicente, Monte, Matanzas, Lomas de Zamora, Quilmes, Morón	Las Heras
11°	Villa de Luján, Mercedes, Merlo, Moreno, San Martín, Pilar, San Andrés de Giles, Suipacha	Villa de Luján
12°	Chivilcoy, Navarro, Lobos y Saladillo	Chivilcoy

Referencia: reconstrucción propia sobre la base de la Ley de Presupuesto de 1878, publicada en el *Registro Oficial de la Provincia de Buenos Aires*, Buenos Aires, Imprenta de la Penitenciaría, 1878, pp. 615 y 616, en el Archivo Histórico del Ministerio de Infraestructura de la Provincia de Buenos Aires, Sección de Investigación Histórica Cartográfica, La Plata.

Cuadro 2
Composición del personal de las comisarías rurales a partir del
Decreto del Poder Ejecutivo Provincial del 27 de diciembre de 1878

Secciones	Composición del personal*			Total
	Oficiales	Escribientes	Soldados	
3°, 5°, 6°, 8°	10	1	32	43
4°	9	1	29	39
2°, 7°, 9°, 12°	8	1	26	35
10°, 11°	7	1	23	31
1°	5	1	17	23

* De acuerdo a lo estipulado en la Ley de Presupuesto de 1878, cada comisaría contaba además con una partida volante, compuesta cada una por tres soldados. Referencia: Ídem cuadro 1. Secciones según cuadro 1.

Pronto se realizaron ajustes a este decreto. En efecto, tras la creación del Departamento General de Policía como producto de la autonomía de Buenos Aires después de la revolución de 1880, y la consiguiente conformación del espacio provincial, este diseño de la policía fue nuevamente objeto de reformas, principalmente en lo que concernía a su entramado institucional. Así, un decreto sancionado por el Poder Ejecutivo provincial y convertido en ley el 13 de diciembre de 1880 dispuso el establecimiento de nueve comisarías inspectoras, veinte comisarías de partido y quince subcomisarías junto a un detallado instructivo que estipuló sus funciones y jerarquías y que dio cuenta de la voluntad de establecer complementariedades entre ellas.[275]

Asimismo, se llevó a cabo una reestructuración espacial en lo referente a la distribución de las comisarías por secciones de 1878, alterando la composición de los agentes subordinados en función de las características del territorio en donde debían operar. Damos cuenta en el siguiente cuadro de cómo fueron emplazadas y el número del personal que se les fue asignado.

---

[275]   Decreto y reglamento en *Registro Oficial de la Provincia de Buenos Aires*; Año 1880; Bs. As.; Imprenta de la Penitenciaría; Pág. 784 y Págs. 794-799 respectivamente; Archivo Histórico del Ministerio de Infraestructura de la Provincia de Buenos Aires; Sección de Investigación Histórica Cartográfica; La Plata.

Cuadro 3
Organización de comisarías y su personal a partir del decreto del Poder
Ejecutivo Provincial del 13 de diciembre de 1880

Secciones	Distribución del personal					Total
	Comisario, oficial de primera categoría	Oficial de segunda categoría	Sargentos	Cabos	Vigilantes	
Región norte						
1°: San José de Flores; San Martín; Morón; Moreno; Belgrano; San Fernando; San Isidro; Las Conchas; Baradero; Pilar; Exaltación de la Cruz; San Antonio de Areco; Zárate	4	10	13	13	200	240
2°: San Andrés de Giles; Matanzas; Merlo; Luján; Mercedes; Marcos Paz; Gral. Rodríguez; Las Heras; Lobos; Cañuelas; Monte; Navarro; Suipacha	3	10	12	11	169	205
3°: San Nicolás; Pergamino; Salto; Arrecifes; San Pedro; Junín; Carmen de Areco; Ramallo; Rojas	3	6	9	8	176	202
4°: Barracas al Sud; Lomas de Zamora; Almte. Brown; Quilmes; San Vicente; Ensenada; Brandsen; Rauch; Magdalena; Rivadavia; Chascomús; Biedma	3	5	11	9	159	187
Región central						
5°: Chivilcoy; Bragado; Chacabuco; 25 de Mayo; 9 de Julio; Lincoln; Bolívar	1	4	6	6	108	125
6°: Dolores; Pila; Tordillo; Ajó; Arenales; Vecino; Monsalvo; Tuyú; Ayacucho; Mar Chiquita; Castelli	1	9	9	10	171	200
7°: Azul; Las Flores; Saladillo; Alvear; Tapalqué; Rauch; Olavarría	3	3	4	6	109	125

Región sur y patagónica*						
8°: Tandil; Lobería; Balcarce; Necochea; Juárez; Pueyrredón	1	4	3	4	103	115
9°: Bahía Blanca; Tres Arroyos; Patagones	1	2	2	3	55	63

*Comprende el partido de Patagones

Referencia: reconstrucción propia sobre la base de la Ley del 13 de diciembre de 1880, publicada en el Registro Oficial Provincial. Ibíd, pp. 784-789.

Nota: hemos procedido a unificar información oficial de diverso registro relativa a cada partido consignándolas de acuerdo a la organización por secciones. Respetamos aquí los criterios de división regional empleados en el documento.

A través de esta norma podemos ver que ante la preocupación por que el cuerpo policial se tornara realmente
efectivo, se delineó un organigrama de carácter piramidal
cuyo vértice estaba conformado por la Jefatura de Policía
con asiento en la capital provincial.[276] Por un lado, este
esquema centralizado les posibilitaba a las autoridades
metropolitanas ejercer un mayor control sobre las instancias
que se hallaban bajo su dependencia. Del mismo modo, en
el interior de cada una de las comisarías emplazadas en el
espacio provincial, se definieron jerarquías y se reorganizó
el personal subalterno de acuerdo a las características territoriales de las jurisdicciones en las que cada una intervenía.

Por otro lado, con este esquema se pretendía dinamizar
los circuitos de comunicación de modo que los flujos de
información pudieran agilizarse y ser transmitidos y percibidos entre las diferentes reparticiones de forma inmediata,
tanto en una dirección vertical –desde las comisarías hacia
la Jefatura de Policía– como también horizontal (entre los
establecimientos locales). Claro que ello encontró serias
dificultades, dada la precariedad de los cargos administrativos: como indica el cuadro 2, en 1878 cada sección
contaba solo con un escribiente.

Así, como anticipamos, mediante esta ley de 1880 se
llevó a cabo otra reestructuración espacial en lo referente
a la distribución por secciones. Exponemos a continuación
dos mapas que sintetizan y vinculan la información de
los cuadros que venimos analizando. En el mapa 1 puede
visualizarse la división seccional de la campaña a partir
del establecimiento de las comisarías rurales en 1878, y la
representación gráfica del total de su personal, tomando
como base los datos consignados en los cuadros 1 y 2.

---

[276]   Esta dependencia comenzó su actividad en la ciudad de Buenos Aires,
hasta que en 1886 fue trasladada hacia la ciudad de La Plata de reciente
fundación.

Mientras que el mapa 2 representa el cambio operado por el decreto de 1880, ilustrando el emplazamiento territorial de las comisarías y, al igual que el mapa 1, la representación gráfica del total de su personal, tomando como base la información del cuadro 3.

Mapa 1
Distribución de comisarías rurales y total de
su personal por sección en 1878

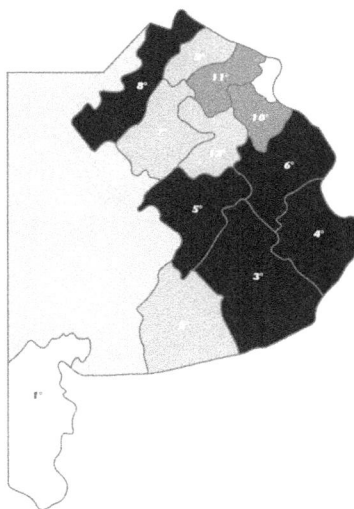

NÚMEROS DE PERSONAS	REFERENCIAS
23 - 28	
28 - 33	
33 - 38	
38 - 43	

TERRITORIO FRONTERIZO	

Referencia: elaboración propia sobre mapa actual de la provincia de Buenos Aires con base en información de cuadros 1 y 2.

Mapa 2
Distribución de comisarías y total de su
personal por sección en 1880

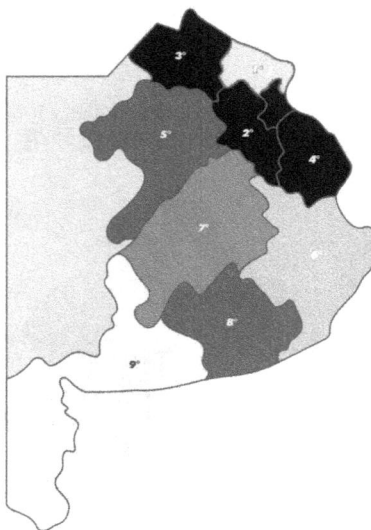

NÚMEROS DE PERSONAS	REFERENCIAS
63 - 93	
93 - 123	
123 - 153	
153 - 183	
183 - 213	
213 - 243	

TERRITORIO FRONTERIZO	

Referencia: elaboración propia sobre mapa actual de la provincia de Buenos
Aires con base en información de cuadro 3.

Como se advierte claramente, las comisarías que comenzaron a funcionar el 27 de diciembre 1880 se emplazaron de forma superpuesta al esquema que se había realizado dos años atrás –en 1878– para el establecimiento de las comisarías rurales. Si bien puede interpretarse que tal yuxtaposición obedecía a la necesidad de construir una trama de complementariedades más sólidas, lo cierto es que los agentes pertenecientes a ambas instancias también entraron en tensión, según advertiremos más adelante.

Una situación similar, que también será objeto del siguiente apartado, se produjo con los juzgados. En efecto, la nueva configuración institucional iniciada en 1878 y reorientada en 1880 intentó además romper el supuesto equilibrio que mediaba entre las esferas judicial y policial. Con todo, como los juzgados concentraron aun durante mucho tiempo algunas de sus funciones y dado que además los alcances jurisdiccionales no fueron del todo precisos, las tensiones no tardaron en hacerse presentes.

De acuerdo a la información que hemos presentado en los mapas, podemos decir además que la disposición en la zona de campaña de las comisarías rurales y las comisarías se efectuó en consonancia con la paulatina transformación territorial producto del avance de la sociedad criolla hacia los extremos sudeste y sudoeste de la provincia. Como podemos observar, su locación proseguía una lógica anular –que la ley de 1880 acentuó respecto del diseño de 1878, que concentraba buena parte del personal en la región central– que se corresponde con la división de las áreas norte, central y sur. Si cruzamos los datos referentes a este esquema organizativo con los porcentajes de distribución poblacional, podemos constatar que hay una correlación entre las áreas que presentan mayor concentración demográfica y la expansión de dichas comisarías. En efecto, según los datos que hemos obtenido del Censo Provincial de 1881 sobre los totales de la población absoluta, el 73 %

se hallaba distribuido en la zona norte, el 19%, en la zona central, y el 8 %, en la zona sur.[277]

Sin embargo, resulta llamativo que tales reparticiones se concentraron mayoritariamente en 1880 en las áreas de poblamiento más temprano, que comprenden el *hinterland* de la ciudad de Buenos Aires y la zona del norte provincial, a las que se les destinó por lo tanto un elevado número de subalternos si consideramos la totalidad de los contingentes relevados. Claro que las diferencias con respecto al cordón central son menos sustanciales[278] tanto en 1878 como en 1880, pero sí resultan notorias en relación al sur. Si tomamos, por ejemplo, del cuadro 3 los totales del personal asignado a las comisarías en 1880, encontramos así 834 personas para la región norte, 450 para la central y 178 para la sur/patagónica, resultando entonces una diferencia de 665 personas entre la región norte y sur/patagónica. Mientras que, como expresa claramente el mapa 1, la sección 1° del sur también había sido la menos atendida por el gobierno provincial en 1878, teniendo el menor total de todas las secciones.

---

[277]   Elaboración propia sobre la base de los datos de población absoluta que arroja el *Censo general de la provincia de Buenos Aires*, verificado el 9 de octubre de 1881, pp. 226 y 227, en el Archivo Histórico del Ministerio de Infraestructura de la Provincia de Buenos Aires, Sección de Investigación Histórica Cartográfica, La Plata.

[278]   Debemos advertir que hacia la década de 1870, los vecinos de los partidos que constituían la franja adyacente a la frontera –principalmente, Tapalqué, Azul y Tandil– demandaron a las autoridades provinciales mayor presencia de contingentes policiales, debido a que la capacidad de los jueces de paz y las magras cifras de los planteles militares, producto de la movilización al Paraguay, resultaban insuficiente para resguardar las poblaciones de la presencia indígena en un contexto de intensos malones. Para la última localidad, sobre todo, los asesinatos acaecidos el 1° de enero de 1872, como así también el impacto de la revolución mitrista de 1874, generaron un estado de alerta por el cual el establecimiento de la policía rural se constituyó en una de las necesidades más inmediatas. Nos remitimos aquí a los trabajos de Gisela Sedeillán (2007) y Juan José Santos (2008).

Podemos pensar que estas diferencias en la asignación de personal policial entre las zonas de poblamiento más temprano y el área fronteriza de la provincia obedecen, en parte, a que los partidos emplazados en el extremo sur habían sido recientemente incorporados al control definitivo de la esfera estatal. A pesar de que allí, como nos permiten ver los mapas, se dispusieron comisarías y policías rurales, pensamos que las funciones policiales eran aún detentadas por los comandantes militares y los jueces de paz. De acuerdo a las características fronterizas de dicho espacio, conjeturamos que la continuidad de estos actores en el ejercicio de la administración de gobierno y en la regulación de la participación política respondió, en parte, a su rol de intermediación y al conjunto de redes sociales que articulaban su entramado de poder local.[279] Y esto resultó una condición significativa para que el estado se sostuviera en ellos para mantener allí su control. Pero también debemos contemplar que las distancias con la justicia letrada, con asiento en Dolores, eran muy significativas, obstaculizando esto el escrutinio de la justicia de primera instancia a los jueces de paz.

Por último, a esta cartografía de esferas de control que se fue delineando en consonancia a la construcción estatal, debemos añadir la conformación de otro cuerpo

---

[279] Nos orientan aquí las reflexiones de Melina Yangilevich (2006) sobre el itinerario de José Benito Machado en la frontera sur bonaerense, y de Jorge Gelman (2009) y Sol Lanteri (2011) acerca de la participación de los jueces de paz en la construcción del poder rosista. Sobre este aspecto prevemos explorar las trayectorias públicas y privadas de estos actores. Valga como muestra los casos de Domingo Pita, quien se desempeñó como comandante militar de Patagones desde 1872, siendo además allí designado entre 1879 y 1883 como juez de paz (Balsa, Mateo y Ospital, 2008: 508) y de Primitivo de la Canal, quien actuó como juez de paz de Tres Arroyos en el período comprendido entre 1874 y 1880, ocupando desde esa fecha el cargo de comandante militar en dicho partido (Eiras y Pérez Vassolo, 1981: 57).

policial pensado en una lógica de modernización institucional, como lo fue el Batallón de Guardia Cárceles. Hacia
1877, comenzaron a funcionar en la campaña bonaerense
tres prisiones con asiento en San Nicolás de los Arroyos,
Mercedes y Dolores (Caimari, 2004: 50). El Poder Ejecutivo
provincial, a cargo de su administración, buscó así sustituir
las cárceles preexistentes, que constituían recintos precarios
en donde eran habituales las situaciones de hacinamiento
como también las posibilidades de franquear la seguridad
debido a las malas condiciones edilicias. Este emplazamiento también obedeció a la lógica anular sugerida respecto
de las comisarías, en tanto San Nicolás y Mercedes conformaron la región norte mientras que Dolores la central.

Ante la necesidad de incorporar nuevas formas de
castigo asociadas a lógicas reformistas, resultó imperioso
incrementar el personal destinado a la custodia de los confinados, además de profesionalizarlos en pos de mejorar su
desempeño.[280] De esta manera, con la Ley de Presupuesto
de 1878, se promulgó la creación del Batallón de Guardia
Cárceles. Para que fuera puesto en funcionamiento se su-
primieron el Batallón de Guardia Provincial y el Regimiento
de Guardia Provincial, siendo los montos que eran previstos
para su sostenimiento redireccionados hacia el personal
carcelario (Rodríguez, 1999: 148).

Si hasta aquí hemos detallado los principales hitos
normativos del período en lo referente a la conformación
policial, resta una mirada interpretativa sobre este conjunto. Pensamos que lo analizado debe ser considerado a la
luz de las apropiaciones y los usos de la violencia dados
en el contexto mayor de construcción del estado nacional

---

[280] El 12 de mayo de 1877 fue promulgado por el gobernador Carlos Casares
el Reglamento provisorio de la Penitenciaría, por el cual se definía los
cargos del personal afectado al servicio carcelario, tanto en la ciudad
de Buenos Aires como en las cárceles de la provincia, del mismo modo
que discernía y establecía sus funciones y obligaciones.

hacia fines de siglo. Hilda Sábato (2008: 35-37 y 47-52) ha señalado que el conflicto en el que los grupos alineados tras el gobernador Carlos Tejedor confrontaron con el gobierno nacional en 1880 cristalizó un fuerte debate sobre la competencia y el control de los instrumentos de coerción. Si bien las posturas alternativas respecto del papel que las provincias y el estado central tenían en relación con el uso legítimo de la fuerza remitía a la disputa por el poder militar –o dicho de otra manera, a la efectividad de la experiencia miliciana frente a un ejército que comenzaba a adquirir visos de profesionalidad–, los decretos analizados pueden inscribirse también en este marco mayor de discusión y definiciones sobre el control institucional de dicha fuerza.

Debemos ampliar así la óptica sobre un escenario finisecular en el que el control y el ejercicio de la fuerza, como mecanismo de regulación social, comenzó a ser depositado en determinadas agencias estatales, cuyos rasgos más notables pretendían ser su organización y su profesionalidad, separándolas entonces de aquellas esferas que hasta allí las habían concentrado, como los juzgados de paz o las guardias nacionales. La nueva distribución dada a las comisarías y los señalamientos en los decretos relativos al rol y accionar de los soldados se orientan en este sentido.

Podríamos atender además al contexto particular del espacio bonaerense en un registro complementario. Si pensamos la normativa al nivel de la coyuntura, el decreto de 1878 puede leerse en el marco de los intentos por organizar la defensa de Buenos Aires en el conflicto con la nación. Recordemos que entre sus disposiciones, se prohibía a los jueces de paz emplear a los soldados en cualquier otra actividad que no fuera el servicio de policía. Por otra parte, la disolución de las guardias nacionales que tuvo lugar un año antes respondió a la apertura de canales de participación política al calor del proceso de conformación estatal nacional. Como también ha advertido Sábato, las guardias nacionales tenían una importancia fundamental en lo referente a la participación política, ya que hasta la década de 1870 resultaba imprescindible estar enrolado para practicar el sufragio.

Por último, resulta sugerente recuperar el concepto de "equipamiento político del territorio" desarrollado por Darío Barriera (2010: 60), en tanto el mismo refiere al proceso de construcción estatal, a partir de las relaciones de poder que se definen por la interacción de las agencias, los grupos sociales y el territorio. Por dicho proceso, el estado se va conformado territorialmente a través de un conjunto de agentes que concentran inicialmente un abanico de funciones que en forma gradual se irán distribuyendo en nuevas esferas; experiencia que es atribuible a los jueces de paz en el territorio de la campaña, desde el período revolucionario hasta el último tercio de la centuria.

En este sentido, la construcción estatal a través de la agencia policial se llevó a cabo sobre un espacio en el que aún persistían estos actores, y cuya presencia a pesar de las diferencias zonales, continuó siendo significativa. Advertimos entonces que la distribución seccional de las comisarías rurales y las comisarías fue realizándose en función de una restructuración territorial y del crecimiento poblacional que se desarrolló en la provincia a finales del siglo XIX, sobre todo en las áreas de poblamiento más temprano. Y sobre las peticiones de la propia sociedad, que reclamó el establecimiento de las comisarías de campaña que, como señalamos, habían tenido una experiencia en las décadas previas y que fueron así resignificadas al calor del nuevo contexto (renombradas en 1878 como comisarías rurales).

Este "equipamiento" fue conjugando así el accionar de diversas agencias. En el caso de los jueces de paz, podría pensarse que las autoridades provinciales se "sirvieron" de su rol y accionar, reformulando y cercenando su participación en el proceso de control social, pero buscando también incluir su capital sociopolítico y simbólico. Sugerimos que ello debe haber pesado en el diseño de las comisarías rurales y comisarías, dando menos personal al sur provincial donde los jueces de paz contaban con un fuerte arraigo. Veremos enseguida cómo la propia normativa apuntaló también ambigüedades y superposiciones entre el accionar de los agentes policiales y judiciales.

Así, nos encontramos en los estertores de la centuria con un entramado complejo tejido a partir de la interacción entre los juzgados de paz, la policía, distribuida en las comisarías y en las reparticiones rurales, y el Batallón de Guardia Cárceles. Interesa ahora sumar una nueva dimensión analítica. Advertiremos a continuación, en este marco de reformas, la manera en que la articulación y el funcionamiento de estas esferas fueron siendo moldeados tanto por las normas como por las prácticas llevadas a cabo por los propios agentes que las constituyeron, en un complejo juego de solidaridades y conflictos.

2. Los vínculos entre los agentes judiciales y policiales: solidaridades y tensiones

En este apartado examinaremos expedientes judiciales con el fin de dar cuenta de la manera en que las reformas analizadas impactaron en las relaciones y prácticas de los agentes (policías, policía de campaña y guardiacárceles). Partiendo de un enfoque microanalítico, abordamos de modo exploratorio dos casos que creemos representativos de la conformación de referencias y vínculos corporativos, y especialmente, de las tensiones producidas en el proceso de institucionalización policial.[281]

---

[281] En los últimos años, diversos trabajos han mostrado la potencialidad del enfoque microanalítico para examinar el proceso de conformación estatal nacional. Un estado de la cuestión en Bragoni (2004).

Asimismo, para efectuar la reconstrucción de la conflictividad entre los actores de las diferentes esferas, nos
inspiramos en el sugerente aporte de Clive Emsley (2000,
citado en Bohoslavsky, 2010: 218) para su estudio de la
policía británica. Junto al impacto de las reformas que
señalamos, buscamos advertir lo que este autor ha señalado como los "problemas acerca del trabajo" referentes
al accionar cotidiano intrainstitucional (tales como los
conflictos de rutina, desórdenes y arrestos).

Los casos seleccionados tienen su epicentro en el
partido de Dolores, que como se advierte en el cuadro
3, pertenecía a la región central de la provincia. La particularidad de este escenario reside en que en el período
estudiado aún conservaba vestigios de una sociedad de
frontera,[282] lo cual nos permite pensar acerca de la relación entre la distancia que mediaba en dicho espacio y
los centros políticos en donde se gestionaron las reformas estudiadas, y reflexionar sobre los efectos que allí
tuvo su aplicabilidad. La coexistencia de la policía rural
con las comisarías y el funcionamiento de un Batallón
de Guardia Cárceles ante el establecimiento del presidio
denotan también su especificidad. Recordemos que esta
confluencia de esferas no fue común a todos los espacios,
dado que las cárceles se distribuyeron en Mercedes, San
Nicolás y Dolores.

El primer caso tuvo lugar meses antes de la federalización de la ciudad de Buenos Aires. En la noche del
23 de septiembre de 1880, el teniente de la Policía Rural,
Abelardo Santa Cruz, llegó en compañía del soldado Juan
Burgos a una casa de baile, comisionados en la búsqueda
de un individuo con pedido de captura. Previamente habían
arribado allí el cabo de la partida de policía del juzgado,

---

[282]   Sobre las cualidades de la región, véase Mascioli (1999 y 2004) y Yangilevich (2009 y 2011).

Pedro Colman, junto con los soldados Andrés Urquiza y Eufemio Barroca, supeditados al servicio de ronda. De acuerdo al testimonio de este último, Santa Cruz solicitó autorización para ingresar al recinto, teniendo conocimiento de que se encontraban los agentes del juzgado.[283] No obstante, ante su ingreso, Colman expresó: "Estos son los que yo quiero", diciéndole a continuación a Burgos "que se cagaba en la policía que había venido" y que los iba a desarmar,[284] hiriendo inmediatamente al teniente de un sablazo. Como respuesta, Burgos disparó sobre el agresor provocándole la muerte.

El hecho de que Colman se encontrara en estado de ebriedad, al igual que los hombres que lo acompañaban, nos permite pensar que el consumo de alcohol haya exacerbado enconos o rivalidades con el oficial de la partida rural. Abelardo Santa Cruz sostuvo al ampliar su indagatoria que no mediaban relaciones de conflicto previas.[285] Sin embargo, si atendemos a la tarea que se le había encomendado al teniente y sus agentes, es posible hallar en la superposición de funciones y en la yuxtaposición en competencias de acción, que continuaban a pesar de las reformas que examinamos de 1878, una causa para explicar la hostilidad del cabo.

En este marco y como anticipamos, a raíz del conjunto de reformas que mencionamos, que pretendían cercenar las atribuciones de los juzgados, observamos que se sancionó una normativa para regular a la policía, que presentaba

---

[283] Archivo Histórico Municipal "Prof. Rolando Dorcas Berro", Dolores, Departamento Histórico Judicial, Suprema Corte de Justicia, Fuero Penal, Causa: Santa Cruz Abelardo y Burgos Juan por muerte a Colman Pedro, legajo n° 4, 48 fojas, F 3, Declaración de Eufemio Barroca. En adelante, las referencias corresponden a esta causa.

[284] F 7, declaración de Abelardo Santa Cruz; F 25, declaración de José Antonio Ibargüengistia.

[285] F 17, declaración de Abelardo Santa Cruz.

claras ambigüedades en relación con los propósitos de dichas reformas. Ya que de acuerdo a las disposiciones del artículo tercero de las Instrucciones a los Comisarios de la Policía Rural, los agentes que componían las partidas rurales tenían la obligación de aprehender a criminales o sospechosos ante la requisitoria del juez de paz, a quien debían remitir al detenido.[286]

Pero tales funciones eran también atribuibles a la tropa dependiente de los juzgados. Con lo cual, podemos conjeturar que fue esta situación la que conllevó a Colman a increpar a los soldados de la patrulla, si es que viera en la presencia de estos una amenaza para su propio desempeño. Se enfrentaron así el oficial y agentes de la policía rural con las fuerzas dependientes del juzgado de paz, lo que evidencia que la división de esferas entre dicha justicia de paz y la fuerza policial que las reformas buscaban acentuar no se cristalizó en este caso, en el que el proceder de los actores fue conforme a la propia normativa que habilitaba a ambos a aprehender a los criminales.

En este sentido, las expresiones vertidas por el abogado de los imputados Santa Cruz y Burgos, el Dr. Pedro Pita, constituyen otro indicio de las tensiones que se presentaban en la relación de ambas esferas. En los autos de la defensa, Pita se remitió a contradecir la exposición del oficial principal del juzgado Carlos Fabiani, quien en la cabeza del proceso intentó desacreditar a los acusados presentándolos como instigadores del hecho, con la clara intención de colocar a sus subordinados como víctimas. Por lo tanto, el letrado refirió que "proceder tan censurable solo puede tener disculpa en la animosidad que entonces reinaba entre la Policía local con la Policía Rural, y solo

---

[286] "Instrucciones á que deben sujetarse los Comisarios de Campaña para el servicio de Policía Rural", en *Registro Oficial de la Provincia de Buenos Aires,* Buenos Aires, Imprenta de la Penitenciaría, 1878, p. 735.

así puede explicarse el defensor la conducta irregular del ayudante: oficial Fabiani".[287]

Como nos permite advertir el caso, las reformas que se aplicaron sobre los juzgados y por las cuales se implementaron en simultáneo las comisarías rurales fueron definiendo un conjunto de solidaridades y de conflictos entre las diferentes esferas de control. Y lo que resulta por demás interesante es que delinearon asimismo un marco de referencia para sus propios actores. Ello nos permite explicar ciertas actitudes corporativas, como las que aludió el Dr. Pita. Incluso posicionamientos de esta índole son también transferibles al juez de paz Dalmiro Sáenz, de quien refirió al Juez del Crimen de Primera Instancia que se trataba de un "incompetente" por demorar la convocatoria a otros testigos en el marco del proceso.[288] Percibimos que en la acción que el abogado impugnó subyace nuevamente la intención de proteger a los hombres que integraban el plantel policial del juzgado desde la plana superior.

Del mismo modo, este tipo de solidaridades intrainstitucionales fueron tejiéndose de forma horizontal, como podremos apreciar a partir del segundo caso, trascurrido tres años después. Al atardecer del 21 de enero de 1883, el soldado del Batallón de Guardia Cárceles, Venancio Sosa, se retiró del cuartel sin orden de sus superiores dirigiéndose hacia la fonda "Las Verduras", donde se mudó su traje militar.[289] Posteriormente, relató ante el juez de paz

---

[287]   F 34, Autos del Defensor Dr. Pedro Pita.

[288]   Ibíd.

[289]   Archivo Histórico Municipal "Prof. Rolando Dorcas Berro", Dolores, Departamento Histórico Judicial, Suprema Corte de Justicia, Fuero Penal, sumario instruido con motivo de una pelea habida entre la Policía y soldados de la Guardia de Cárcel, del 21 de enero 1883, de la que resultaron varios heridos; Legajo n° 3; 82 fojas; Fs. 3, declaración de Venancio Sosa. En adelante, las referencias corresponden a esta causa.

que "por la mañana había salido con permiso de su Gefe y volvió al cuartel una vez vencido el tiempo porqué se le dio la licencia, qué mas tarde volvió a pedir la licencia al Teniente Galiano, que este se la negó y como creía que no había cometido falta alguna para qué se la negase trató de salir sin ella, y vurlando la vigilancia de uno de los centinelas salió a la calle".[290]

De forma inmediata, fue enviado el sargento José Ruiz del mismo batallón a efectos de detener a Sosa, acompañado del soldado Pedro Almada. En el interior de la habitación, Ruiz logró persuadirlo instándolo a que retornara al cuartel para su detención. Sin embargo, al encontrarse en la calle el apresado tomó la bayoneta del soldado que lo escoltaba, provocándole fuertes heridas, aunque seguidamente, una partida a cargo del subteniente de Guardia Cárcel, Mariano Solier, pudo reducirlo.

Paralelamente, concurrió allí un grupo de policías conducidos por el sargento José María Martínez, convocados por la alarma de los centinelas del cuartel. La irrupción de agentes de otra fuerza condujo a los soldados a adoptar resistencia, e impidieron por lo tanto que Sosa fuese llevado a la comisaría. Esta confrontación abierta fue narrada por el sargento Martínez, quien señaló al ser interrogado acerca del personal que componía el grupo de guardia cárcel que "había algunos que hacían ademanes ofensivos contra la Policía sin poder indicar los nombres".[291] Esta situación fue descrita además por un vecino, quien relató que al tratar de rearmarse Sosa, Martínez lo apresó del brazo y "en ese acto el soldado protestó que no era cierto, y gritaron por tres veces: 'lárguese, sargento'".[292] Con ciertos matices, el soldado del batallón,

---

[290]   Ibíd.
[291]   F 10, declaración de José María Martínez.
[292]   F 35, declaración de Felipe Ocaña.

Juan Álvares, añadió "que no ha visto que los soldados de Guardia de Cárcel á excepción de Sosa, hiciese resistencia a la policía y que Rafael Istiño les dijo a los vigilantes que se separaran y que uno de los vigilantes le pegó a aquél retirándose Istiño en seguida".[293]

En este acontecimiento podemos visualizar nuevamente los conflictos suscitados por la superposición de funciones y competencias, que tres años después de la conformación de la institución policial en la provincia, continuaban teniendo lugar. En este sentido, resulta también ilustrativo el testimonio del soldado de Guardia Cárcel Máximo Reinoso. Refiriendo al altercado que implicó la presencia policial, expresó "que el sargento Ruiz dijo que la policía no lo había de llevar [a Sosa] porque él iba en comisión para buscar ese hombre".[294] De igual manera, los fragmentos citados aluden a sentidos de solidaridad y pertenencia y de disciplina de los actores.

Si bien Sosa se retiró del cuartel desobedeciendo a su superior, sus compañeros acataron la orden de este último de reprender a Sosa. En efecto, no solo lo instaron a regresar, sino que incluso lo golpearon y algunos consideraron –según relatos del juicio– que debían matarlo por su actitud.[295] Con todo, una vez arribada la policía, mostraron sus lazos de solidaridad frente a ella, al identificarse como los responsables de la detención de su par considerando la injerencia policial como una afrenta.

Para explicar esta situación, es interesante recuperar las observaciones de Sandra Gayol (1996) sobre la cotidianeidad de los actores policiales en la ciudad de

---

[293]   F 32, declaración de Juan Álvares.
[294]   F 27, declaración de Máximo Reinoso.
[295]   F 37, declaración de Felipe Ocaña, F 326, albañil italiano (sin datos). Resulta interesante advertir que el pleito estuvo cruzado también por tensiones étnicas, dado que Sosa era mulato y los que sugirieron su muerte enfatizaron en que "el negro" debía ser ajusticiado.

Buenos Aires a finales del siglo XIX. En una sociedad que se regía por una concepción del honor asociado a la masculinidad, y en la que los conflictos interpersonales se dirimían a través de enfrentamientos a cuchillo, no resulta excepcional que los agentes fuesen protagonistas de este tipo de prácticas. Las dificultades para la concreción de la modernización tan anhelada se cristalizaban así ante un personal que actuaba con lógicas sociales y culturales que lo alejaban de los ideales normativos con el que se pretendía disciplinarlo.

Respecto de los casos reseñados, advertimos tres cuestiones que ilustran lo que afirmamos. Por una parte, si bien el teniente de la Policía Rural, Santa Cruz, en el primer caso analizado, actuó en defensa propia, contaba con antecedentes penales por haber perpetrado dos homicidios en las décadas previas. En este sentido, se revela como notoria la distancia entre el perfil deseado para quienes ingresaban a la fuerza y el efectivamente existente.[296] Sabemos además que muchos de los actores involucrados en ambos procesos no sabían leer ni escribir, dado que al momento de firmar sus testimonios admitieron dicha condición. Así como la ausencia de antecedentes penales previos al reclutamiento de la fuerza policial, había sido pensada como un requisito fundamental para lograr su profesionalización, el conocimiento de la lectoescritura también había estado en la base de dicho diseño.

A ello debe añadirse que Colman y sus subordinados, en contraposición a lo que establecía la norma, asistieron a una casa de baile, hallándose además en estado de ebriedad. Esta situación nos remite también al desenlace del último caso. De hecho, cuando Sosa debió ser hospitalizado por los golpes de sus compañeros, se le consignó su custodia al vigilante Lorenzo Lemos que pertenecía a la

---

[296]   F 17, declaración de Abelardo Santa Cruz.

policía. Lo llamativo es que ambos decidieron abandonar el hospicio rumbo a una pulpería para tomar juntos un vino, cuando Lemos tenía órdenes expresas del comisario de "darle una paliza si se movía".[297]

En definitiva, advertimos que los policías concurrían a pulperías en los horarios en los que se hallaban en ejercicio, o eran aprehendidos por protagonizar afrentas o escándalos en la vía pública. Y todo ello nos permite pensar que esta contigüidad con el universo de prácticas que ellos mismos estaban encargados de reprimir debe ser considerada como un elemento explicativo –junto a la superposición de funciones, la generación de tramas de solidaridad y las formas de disciplina– al momento de entender también los matices existentes en el proceso de institucionalización de la policía provincial que hemos analizado.

3. Comentarios finales

Planteábamos en la introducción que con un enfoque exploratorio nuestro objetivo era dar cuenta de los principales rasgos del proceso de conformación de la institución policial en el escenario rural bonaerense, atendiendo principalmente al conjunto de reformas que fueron implementadas por la dirigencia provincial y a la interacción que en este rediseño normativo tuvieron los diversos agentes que participaron de dicho proceso.

Sugerimos que este proceso de reformas debe entenderse a la luz de las apropiaciones y los usos de la violencia y los instrumentos de coerción dados en el marco mayor de construcción estatal nacional de finales de siglo. Y, asimismo, que fue realizándose en función de la restructuración

---

[297]   F sin numerar, declaración de Venancio Sosa.

territorial y el crecimiento poblacional desarrollado en la provincia de Buenos Aires.

En este marco, pudimos apreciar que hacia finales del siglo XIX se fue redefiniendo una trama signada por solidaridades y tensiones entre los actores policiales y otras esferas de poder establecidas en la campaña, como lo eran los juzgados de paz, a las que se les fue cercenando atribuciones y capacidades. A pesar de que las comisarías rurales y las comisarías fueron adquiriendo un papel fundamental en el ámbito de la campaña, las funciones policiales eran aún concentradas en los juzgados de paz o en las comandancias militares, principalmente en las zonas más alejadas de la capital provincial. Situación que conllevó a la superposición en las competencias de intervención y en el accionar de los actores que componían estas esferas.

Claro que intrainstitucionalmente, la paulatina conformación de la policía como agencia autónoma e independiente fue generando un marco de referencia que afianzó solidaridades entre sus miembros y que fue definiendo su identidad con respecto al personal de las otras agencias estatales. Y ello fue fundamental para su institucionalización. Pero en el marco de su accionar, y específicamente en lo que concierne a los conflictos que mediaron entre la tropa policial y el personal supeditado a los juzgados, se cristalizaron lógicas de accionar que revelaron cierta distancia con las requisitorias que la normativa establecía a efectos de modernizar a la policía.

Mediante el análisis de dos casos judiciales, pudimos advertir que las prácticas y las relaciones de los actores no cristalizaron las reformas que las autoridades desearon. Si la legitimación de los agentes policiales frente a los judiciales se anclaba en la normativa que les dio un lugar central que no dudaron en acentuar, sus acciones concretas no solían corresponderse con dicho marco normativo, pese a que los actores no eran ajenos a éste. E, incluso más, no se distanciaban del universo de prácticas que ellos mismos estaban encargados de reprimir.

Queda pendiente enriquecer este trabajo con diversas cuestiones, como el análisis de las trayectorias públicas y privadas de estos actores, sus ámbitos de sociabilidad y su participación en los tejidos políticos locales, como así también explorar otros registros documentales. Desde ello, esperamos complejizar el conocimiento de las dinámicas de intervención e interrelación estatal y del accionar institucional policial en el último bienio de la centuria en la campaña de Buenos Aires. Creemos entonces que este ámbito y período, que han merecido poca atención por parte de los estudios históricos, pueden ilustrar mucho sobre las ideas, relaciones y prácticas que nutrieron el marco y la dinámica jurídico-institucional en momentos de consolidación estatal en la Argentina.

Bibliografía

Aliata, Fernando (1998), "Cultura urbana y organización del territorio", en Goldman, Noemí (dir.), *Revolución, República y Confederación (1806-1852). Nueva Historia Argentina*, t. III, Buenos Aires, Sudamericana.

Balsa, Javier; Mateo, Graciela; Ospital, María Silvia (comps.) (2008), *Pasado y presente en el agro argentino*, Buenos Aires, Lumiere.

Barreneche, Osvaldo (2010), "*De brava a dura.* La policía de la provincia de Buenos Aires durante la primera mitad del siglo XX", *Cuadernos de Antropología Social*, núm. 32, Facultad de Filosofía y Letras, UBA.

Barreneche, Osvaldo y Galeano Diego (2008), "Reformas policiales en Argentina, siglos XIX y XX", en Primeras Jornadas de Investigación del Departamento de Planificación y Políticas Públicas, Remedios de Escalada.

Barriera, Darío (dir.) (2010), *Instituciones, gobierno y territorio. Rosario, de la Capilla al Municipio (1725-1930)*, Rosario, Editorial del ISHIR.

Berardi, Pedro (2011), "Delito y criminalidad en la campaña del norte bonaerense en el último tercio del siglo XIX. El caso de 'Hormiga Negra'", *Páginas. Revista Digital de la Escuela de Historia*, año 3, núm. 5, Rosario, Facultad de Humanidades y Artes, Universidad Nacional de Rosario.

Bohoslavsky, Ernesto y Soprano, Germán (eds.) (2010), *Un estado con rostro humano. Funcionarios e instituciones estatales en Argentina (desde 1880 hasta la actualidad)*, Buenos Aires, Prometeo.

Bragoni, Beatriz (ed.) (2004), *Microanálisis. Ensayos de historiografía argentina*, Buenos Aires, Prometeo.

Caimari, Lila (2004), *Apenas un delincuente. Crimen, castigo y cultura en la Argentina, 1880-1955*, Buenos Aires, Siglo XXI.

Díaz, Benito (1959), *Los juzgados de paz de campaña de la Provincia de Buenos Aires (1821-1854)*, La Plata, Universidad Nacional de La Plata.

Eiras, Carmen; Pérez Vassolo, Teresa (1981), *Historia del partido de Tres Arroyos*, Tres Arroyos, Editorial de la Municipalidad de Tres Arroyos.

Fradkin, Raúl (2009), "¿Misión imposible? La fugaz experiencia de los jueces letrados de Primera Instancia en la campaña de Buenos Aires (1822-1824)", en Barriera, Darío (comp.), *Justicias y Fronteras. Estudios sobre historia de la justicia en el Río de la Plata. Siglos XVI-XIX*, Murcia, Ediciones de la Universidad de Murcia.

Gayol, Sandra (1996), "Sargentos, cabos y vigilantes: perfil de un plantel inestable en el Buenos Aires de la segunda mitad del siglo XIX", *Boletín americanista*, núm. 46.

Gelman, Jorge (2009), *Rosas bajo fuego. Los franceses, Lavalle y la rebelión de los estancieros*, Buenos Aires, Sudamericana.

Lanteri, Sol (2011), *Un vecindario federal: la construcción del orden rosista en la frontera sur de Buenos Aires (Azul y Tapalqué)*, Córdoba, Centro de Estudios Históricos "Profesor Carlos S. A. Segreti".

Mascioli, Alejandra (1999), "Población y mano de obra al sur del Salado. Dolores en la primera mitad del siglo XIX", en Fradkin, Raúl; Canedo, Mariana y Mateo, José (comps.), *Tierra, población y relaciones sociales en la campaña bonaerense (siglos XVIII y XIX)*, Mar del Plata, UNMdP-GIHRR.

Mascioli, Alejandra (2004), *Productores y propietarios al sur del Salado (1798-1860)*, Mar del Plata, UNMdP-GIHRR.

Rodríguez, Adolfo (1999), *Historia de la Policía Federal Argentina a las puertas del tercer milenio. Génesis y desarrollo. Desde 1580 hasta la actualidad*, Buenos Aires, Ed. Policial, Policía Federal Argentina.

Romay, Francisco (1963), *Historia de la Policía Federal Argentina: orígenes y evolución*, siete tomos, Buenos Aires, Ed. Policial, Policía Federal Argentina.

Sábato, Hilda (2008), *Buenos Aires en armas. La revolución de 1880*, Buenos Aires, Siglo XXI.

Santos, Juan José (2008), *El Tata Dios. Milenarismo y xenofobia en las pampas*, Buenos Aires, Sudamericana.

Sedeillán, Gisela (2005), "La pérdida gradual de las funciones policiales del Juzgado de Paz: la creación de la institución policial en Tandil 1872-1900", *Anuario 5*, año 5, Córdoba, Centro de Estudios Históricos "Profesor Carlos S. A. Segreti".

Sedeillán, Gisela (2007), "Las leyes sobre vagancia: control policial y práctica judicial en el ocaso de la frontera (Tandil 1872-1881)". Disponible en línea: http://www.fuentesmemoria.fahce.unlp.edu.ar/art_revistas/pr.3337/pr3337.pdf

Yangilevich, Melina (2006), "José Benito Machado. Construir poder en la frontera", en Mandrini, Raúl (ed.), *Vivir entre dos mundos. Conflicto y convivencia en las fronteras del sur de la Argentina. Siglos XVIII y XIX*, Buenos Aires, Taurus.

Yangilevich, Melina (2009), "Sociabilidad, violencia y ad-
    ministración de justicia al sur del río Salado (provincia
    de Buenos Aires) durante la segunda mitad del siglo
    XIX", en Sozzo, Máximo (comp.), *Historia, delito y jus-
    ticia penal en la Argentina,* Buenos Aires, Del Puerto.
Yangilevich, Melina (2011), "Justicia letrada y criminalidad
    en la construcción del estado. La campaña de Buenos
    Aires (1853-1880)", *Revista de historia del Derecho,*
    núm. 42, CABA.

LOS AUTORES

Valentina Ayrolo es doctora en Historia por la Universidad de París I, Panthéon-Sorbonne (Francia), investigadora adjunta del CONICET y docente del Área de Historia Argentina de la Facultad de Humanidades de la Universidad Nacional de Mar del Plata (UNMdP). Dirige el grupo de investigación "Problemas y debates del siglo XIX" (CEHis/FH-UNMdP), es representante por la UNMdP del comité académico "Historia, regiones y fronteras", Asociación de Universidades, Grupo Montevideo. Participó en varias obras colectivas y publica periódicamente en revistas locales e internacionales. Compiló dos libros y escribió *Funcionarios de dios y de la República. Clero y política en la experiencia de las autonomías provinciales* (Biblos, 2007). Sus líneas de trabajo tienen que ver con clero y política en el siglo XIX, especialmente en los espacios cordobés y riojano.

Pedro Alberto Berardi es profesor y licenciado en Historia por la UNMdP. Actualmente (2012-2014) es becario de la Agencia Nacional de Promoción Científica y Técnica y se encuentra cursando sus estudios doctorales en la Universidad de San Andrés (UdeSA). Integra los grupos de Investigación "Problemas y debates del siglo XIX" (CEHis/FH-UNMdP) y "Crimen y Sociedad" (UdeSA). Sus temas de investigación son las prácticas de criminalidad en la campaña bonaerense en el último tercio del siglo XIX y la conformación y las dinámicas de la institución policial en el escenario fronterizo pampeano entre 1880 y 1940.

Ana Laura Lanteri es doctora en Historia por la Universidad Nacional del Centro de la Provincia de Buenos Aires (UNICEN) y profesora y licenciada en Historia por la UNMdP. Actualmente, es Investigadora Asistente del

CONICET y docente del Área de Pedagogía y colaboradora del Área de Historia Argentina del Departamento de Historia de la Facultad de Humanidades de la UNMdP. Integra el grupo de Investigación "Problemas y debates del siglo XIX" (CEHis/FH-UNMdP). Su investigación aborda la problemática de construcción del sistema político e institucional de la "Confederación" (1852-1862).

María Laura Mazzoni es profesora y licenciada en Historia por la UNMdP. Actualmente (2011-2013), es becaria de posgrado tipo II del CONICET con el proyecto "Religiosidad y devoción en la construcción de identidades locales. El Obispado de Córdoba entre la colonia y la posrevolución (1778-1836)". Es estudiante del Doctorado en Historia de la UNICEN. Trabaja en la línea de investigación de prácticas de religiosidad e identidades en la primera mitad del siglo XIX, en el marco del grupo de investigación "Problemas y debates del siglo XIX" (CEHis/FH-UNMdP).

Eduardo Míguez es profesor en Historia por la Universidad de Buenos Aires (UBA) y doctor en Historia por la Universidad de Oxford, Inglaterra. Es investigador categoría I del Sistema de Apoyo a la Investigación Universitaria. Ha enseñado en cursos de grado y de posgrado en universidades públicas y privadas de la Argentina y el extranjero, y actualmente es profesor titular de Historia Argentina de la UNMdP y de la UNICEN. Ha sido *Fulbright Visiting Scholar* en Estados Unidos y profesor o investigador en el Instituto Universitario Ortega y Gasset, la Universidad de Gerona, L'École Des Hautes Éstudes en Sciences Sociales y el St Antony's College, Universidad de Oxford, entre otros. Ha desempeñado diversos cargos de gestión y evaluación universitaria y dirigido numerosas investigaciones doctorales y de maestría. Es autor de varios libros y artículos publicados en revistas nacionales e internacionales.

Alejandro Morea es profesor y licenciado en Historia por la UNMdP, donde ha sido becario como estudiante avanzado. Es docente del Área de Ciencias Sociales de la Facultad de Ciencias Económicas y Sociales de la UNMdP. Actualmente (2011-2013), se desempeña como becario de posgrado tipo II del CONICET con el proyecto "Liderazgo, relaciones y capacidades militares en la construcción de carreras político-militares entre 1810-1830 en el Interior de las Provincias Unidas", con lugar de trabajo en el CEHis/FH-UNMdP, y cursa sus estudios de doctorado en Historia en la UNICEN bajo la dirección de la Dra. Valentina Ayrolo. Integra el grupo de Investigación "Problemas y debates del siglo XIX" (CEHis/FH-UNMdP).